RÉGION ET DÉVELOPPEMENT

n° 48-2018

Localisation et inégalités de revenus : nouveaux défis pour les territoires urbains

L'Harmattan

REVUE RÉGION ET DÉVELOPPEMENT

Revue fondée en 1995 par Gilbert Benhayoun et Maurice Catin

Revue semestrielle référencée dans ECONLIT et dans IDEAS (REPEC)

Site web : www.regionetdeveloppement.org

ISSN 2117-0843

5-7, rue de l'Ecole-Polytechnique, 75005 Paris

http://www.editions-harmattan.fr

ISBN : 978-2-343-16508-0

EAN : 9782343165080

Région et Développement

n° 48 - 2018

Localisation et inégalités de revenus : nouveaux défis pour les territoires urbains

Coordonné par
Sébastien BOURDIN et Yannis PSYCHARIS

Région et Développement
n° 48-2018
www.regionetdeveloppement.org

Introduction
Localization and income inequality: new challenges for urban areas

Yannis PSYCHARIS*, Sébastien BOURDIN**

In a world of rapid urban, economic and societal mutations, the combination of globalization and accelerated conversion of the productive apparatus transforms urban and regional territories. But it must be recognized that the changes associated with globalization affect individuals differently according to their social position and geographical location. Cities and regions are facing new challenges in the changing European landscape. The aftermath of the economic crisis has created a new environment which affects their functioning and call for a reshaping of European and national policies. Unbalanced development on different geographical scales from global to local, and inequalities in wealth and prospects within cities raise important issues for the theory and policy of urban and regional development. This special issue focuses on stakes regarding inequalities, inclusive and sustainable development of cities and regions within a changing economic context.

If cities are segregated and unequal for long-standing, urban segregation as such – whose study had been inaugurated in the 1920s by the sociologists of the Chicago School (Park et al., 1925) – became an issue in Europe and other parts of the world more recently, especially since the 1970s. Most of the research has carried out systematic empirical analysis of the different dimensions of segregation and inequalities and were interested in analyzing the socio-spatial inequalities linked to the differentiation of (i) places of residence, (ii) access to urban services or amenities, (iii) general attractiveness.

The most widespread idea today is that of an accentuation of segregation, of the emergence of a "two-speed city" marked by the separation between the "excluded" and the others. This thesis of the dualisation of the city – especially of the great metropolis – has been developed by many authors. The most elaborate theoretical model is undoubtedly that of the "global city" (sketched by J. Friedman and Wolff, 1982, then developed by Saskia Sassen, 1991). Whereas many of the earlier theoretical models of the post-industrial society hypothesized a general "averaging" of society, the global city, for Saskia Sassen, links on the contrary the growth of the service society and increased social dualisation. In many cases, the thesis of the spatial dualisation of large metropolises is supported by the examination of the

* Dept. of Economic and Regional Development, Panteion University of Social and Political Sciences, Athens, Greece. email: psycharis@panteion.gr
** Ecole de Management de Normandie – Laboratoire Métis ; Département d'Economie des Territoires et Développement Durable. sbourdin@em-normandie.fr

particular case of spaces that are more or less striking illustrations: pretty districts and "gentrified" neighborhoods on one side, neighborhoods degraded or large peripheral units hit by unemployment and poverty on the other. But these examples of striking contrasts – which are very real – do not provide an overall picture of the evolution of the urban system, and do not allow us to affirm that what opposes them is the effect of a dualization process of the entire urban system. The main approaches that enable us to have such an overall view are those of typologies of territories built from census data, the only sources allowing a homogeneous and rather spatially fine description of urban spaces. Today, access to increasingly refined data is enabling regional science researchers to offer more and more detailed studies on ongoing processes. In this special issue, some papers are dealing with this method.

The main process that produces residential segregation in European cities is the appropriation of the best residential locations by the upper categories, which results in exclusive real estate and property prices for the lower income categories, which fall back on the following best locations and so on. It is the principle of this hierarchy of land and real estate prices that produces, in the first analysis, the prioritization of the social status of residential spaces and leads, at the end of the chain, to the concentration of the poorest in the most devalued areas. However, this general model is not sufficient to account for the relative complexity of the observed structures and quite a few articles in this issue are tackling this socio-economic and spatial complexity of inequalities.

The first article of this issue focuses on the residential segregation of a world metropolis – in this case Paris – from an original database of the Directorate General of Public Finance which describes the housing stock and its occupants, especially their income. The database extracted from this file and used in this study make it possible to draw a geography of the socio-economic and residential inequalities on the 1,300 municipalities of the Ile-de-France region. **Antonine Ribardière** highlights the sub-communal social heterogeneity by characterizing the residential contexts as well as the level of segregation of each category of households. The paper shows the strengthening of the socio-spatial disparities of the residential area of the Paris region and, in particular, the accentuation of the social profile of the different types of municipalities. A double movement is observed: the widening of the gaps between the richest territories and the poorest territories on the one hand, but also the reinforcement of the social specialization of the middle-class space, in other words an accentuation of the separation of social groups in space. This inscription of income disparities in the metropolitan space is not only the reflection of social inequalities, it constitutes a dimension *per se*, as the induced spatial divisions are sufficiently powerful to fuel into processes of social inequality. The growth of segregation in the residential space is problematic at the local level; it poses a greater problem at the level of society as a whole, in that it frees different access to services and fundamental rights.

The second paper by **Anastasia Panori and Yannis Psycharis** sets out to estimate the impact of the economic crisis and austerity measures on income and welfare conditions across municipalities in the Athens metropolitan area over the period 2004-2015. Using data from a unique dataset, which incorporates economic, social and demographic variables for the Athenian municipalities, it illustrates the evolution of three main socio-economic indicators within Athens: mean equivalised income; at-risk-of-poverty rates; and material deprivation. Analysis of the results indicates that the economic crisis has had a tremendous impact on welfare conditions across the metropolitan area of Athens. At-risk-of-poverty rates have increased, and welfare conditions have deteriorated substantially. Moreover, the least well-off areas have shown an increased vulnerability to crisis, thus leading to enlarged income and welfare inequality, as well as social polarization across space.

The third paper by **Polyzois Kanelleas, Charalambos Kyriakidis, Filippos Iliadis and Anastasia Tsolaki** explores a framework that combines Spatial Analysis with the Hedonic Modelling method identifying a possible spatial correlation between house prices and railway infrastructure in Athens. Results, which were formed via a semi-log model and through the Ordinary Least Squares (OLS) method and Multi-Regression Analysis (MRA), show that properties near railway infrastructure and especially near the train station tend to have lower prices than the ones that were distant. Thus, several actions can be proposed for the existing railway infrastructure and the neighboring areas in order to be upgraded and further developed. This, however, affects the specific case study area which was defined through a buffer zone of approximately 700 meters around Athens Central Station.

The Great Recession (2008-2009) and the following years have affected Europe more severely than any other crisis since the end of the Second World War, with notable effects on output growth and unemployment rates. In his paper, **Sébastien Bourdin** highlights that the geography of resilience to the economic and financial crisis is different from the geography of regional economic development. Regions with a high growth rate and a low level of development (Eastern Central Europe) relatively withstood the crisis better than those with low levels of economic growth and regional development (Southern Europe). In addition, while urban regions suffered the full-blown crisis, some managed to absorb it while others had great difficulty getting out. Thus, the crisis has revealed a considerable diversity in the ability of regions to adapt to economic and financial shocks. In addition, his study shows the spatial interdependencies that exist between the localized regions in the neighborhood and how the resilience observed in a region has impacts on neighboring regions.

The firth paper by **Samuel Ettouati** deals with local migration issues regarding elderly and retirees in a region of South France. The paper highlights the different criteria of territorial attractiveness of seniors' mobility and their main residential trajectories within the region. The author deliver estimates of a flow model stating the motivational differences in elderly mobility by age and level of education. The paper shows that young retirees move long distances and locate in suburban areas. These territories allow retirees to access a better quality of life without breaking with their previous consumption habits. Older retirees who are at risk of dependency, are moving closer to metropolitan areas with accessible housing and dedicated infrastructure such as support or housing services. With the retirement of the baby-boom generation, the territorialized development of infrastructure dedicated to seniors appears as a factor of local attractiveness for retirees in the region and a challenge for regional planning.

The sixth paper questions the question of accessibility in terms of attractiveness. More specifically, it is questioned the choice of location of business services. In recent decades, they have grown considerably in industrialized countries. These activities have greatly favored the metropolises, especially their center. However, in the last ten years, studies have shown that centrifugal tendencies are profoundly changing the intra-metropolitan structure. The study by **Ioannis Baraklianos, Louafi Bouzouina and Patrick Bonnel** makes it possible to understand the implementation mechanisms of business services firms, especially with regard to their perception of accessibility in the metropolis of Lyon. They examined the effect of accessibility of the location choices of the business sector, differentiating the establishments based on their functional characteristics. In a context of massive and rapid growth, business services are investing in the metropolitan periphery, specifically the Back office businesses that offer their services by distance because direct proximity is less important for their economic activity. The metropolitan periphery has become strategic because (i) the demand has reached a sufficient level, (ii) sites are well connected to the axes of transport and are offering quality premises that constitute a real alternative to the center. At the opposite, Front Office services – for which face-to-face interaction is important – have a stronger preference for central areas, where they can enjoy very good accessibility to population and where the location externalities are strong.

Among the challenges facing cities and regions of the world, there is that of pollution and the need to reorganize daily mobilities. In the seventh paper, **Guillaume Pouyanne, Laëtitia Guilhot and André Meunié** shed light on the notion of the "compact city". With the example of China, it is questioned how the spatial and urban characteristics influence the mobility in the cities of the Chinese provinces. More precisely, the authors show that the gravity index has a positive impact on the use of the automobile. They also confirm that a polycentric structure tends to reduce the ecological impact of travels. In addition, the urbanization (urbanization rate) and intensity (built density) variables have a negative effect on motorization, in other words, the urban environment makes it possible to use alternative modes to the automobile in a more efficient way (without losing too much time) or, quite simply, offers alternatives to the automobile (public transport). Faced with some of the highest environmental degradation and some of the highest levels of air pollution in the world, Chinese cities are looking for their pathway. While the energy and urban transition is taking place under the impetus of the Central government, the authors question the capacity of cities and their authorities to act on their morphology and their spatial structure (density, mixed urban functions, polycentrality) to influence daily commuting behavior.

This special issue includes a selection of that were first presented in the ASRDLF and ERSA-GR joint conference that was held in Athens 5-7 July 2017. The conference, which attracted more than 350 participants, turned out to be a very important scientific event in Regional Science and Urban Economics. This selection of papers is focused on urban dynamics and processes and provides empirical evidence from different case studies. The analysis and results are relevant to urban economic and urban development and policy.

REFERENCES

Park, R. E., Burgess, E. W., & McKenzie, R. D., 1925, *The City*, University of Chicago Press.

Friedman, J., & Wolff, G., 1982, World city formation: an agenda for research and action. *International journal of urban and regional research*, 6(3), 309-344.

Sassen, S., 1991, *Global city* (Vol. 2). Princeton, NJ: Princeton University Press.

Région et Développement

n° 48-2018

www.regionetdeveloppement.org

Disparités de revenus et évolution de la ségrégation résidentielle en Ile-de-France

Antonine RIBARDIÈRE*

Résumé - Une analyse de l'évolution de la ségrégation résidentielle à partir des revenus des ménages en 1999, 2011 et 2015 en Ile-de-France montre combien les choix résidentiels des ménages s'opèrent selon un schéma qui va dans le sens d'un renforcement de l'homogénéité sociale à l'échelle locale. A l'échelle régionale, ce renforcement de la ségrégation se traduit par un mouvement de polarisation socio-spatiale et de « moyennisation » (entendu comme le renforcement de la spécialisation sociale de l'espace des classes moyennes) qui affecte particulièrement les communes populaires, même s'il existe une diversité de trajectoires.

Classification JEL

R20, I32, C43

Mots-clés

Ségrégation
Polarisation socio-spatiale
Moyennisation
Disparités de revenus
Ile-de-France

* Université Paris 1 – Panthéon-Sorbonne, UMR Prodig.
antonine.ribardiere@univ-paris1.fr

INTRODUCTION

La question des disparités de revenus et de leurs évolutions revêt plusieurs dimensions à l'échelle de la métropole parisienne.

Tout d'abord, l'appréciation des inégalités de revenus renvoie aux problèmes classiques de la mesure et notamment de la prise en compte, ou non, des revenus du patrimoine ou encore des effets de la redistribution par les prestations sociales et l'impôt. Ainsi en Ile-de-France, si l'on retient les revenus déclarés par les contribuables, on observe en 2012 que le niveau de revenus au-dessus duquel se situent les 10% des ménages les plus aisés est 7,4 fois supérieur à celui en dessous duquel se situent les 10% des ménages les plus modestes. Ce rapport se réduit de manière significative à 4,6 lorsqu'on considère les revenus disponibles après redistribution – essentiellement du fait de la hausse du niveau de revenus des plus modestes occasionnée par le versement des prestations sociales (Bellidenty et Martinez, 2015). En revanche, les écarts entre ménages apparaitraient beaucoup plus importants si l'on intégrait le patrimoine dans l'appréciation de la richesse, d'autant plus que la part des ménages redevables à l'ISF est très importante en Ile-de-France (Faye, Lacour et Le Fur, 2016).

Une autre dimension renvoie à la considération des ressources urbaines auxquelles le revenu permet d'accéder. En termes de droits fondamentaux, il s'agit de l'accès au logement, aux soins, à l'éducation. Depuis le début des années 2000, la déconnexion entre valeurs immobilières et revenus de la population résidente est particulièrement marquée en Ile-de-France[1] (Orfeuil et Wiel, 2013 ; Friggit, 2018). Ce faisant, les inégalités entre les ménages sur le marché du logement ont considérablement augmenté et les stratégies et choix résidentiels sont de plus en plus contraints. Seuls les ménages les plus aisés peuvent s'affranchir de ces contraintes et accéder aux contextes résidentiels les plus valorisés, où le ticket d'entrée est le plus élevé.

Sur le front de l'accès à l'éducation, les inégalités se creusent entre les élèves, mais également entre les établissements, induisant un accès différencié au système éducatif selon le lieu de résidence. Dans les contextes métropolitains tels que l'Ile-de-France, la ségrégation scolaire est un moteur puissant de ségrégation résidentielle ; d'autant plus que la ségrégation scolaire est enregistrée dans les valeurs immobilières. Ainsi, Poupeau et François (2008) montrent comment la ségrégation scolaire se nourrit d'une revalorisation du capital économique (revenus et patrimoine) par rapport au capital culturel, du fait de l'importance croissante du lieu de résidence et du prix à payer pour y accéder.

Ces deux exemples – accès au logement et accès à l'éducation – illustrent combien les inégalités économiques, les inégalités d'accès aux ressources urbaines et les localisations résidentielles se trouvent imbriquées. L'inscription dans l'espace métropolitain des inégalités de revenus des ménages ne relève pas de la simple projection des inégalités sociales, parce qu'un certain nombre d'inégalités, croissantes, se cristallisent autour du lieu de résidence. La ségrégation résidentielle constitue de plus en plus un moteur de reproduction des inégalités sociales. C'est cette troisième dimension des disparités de revenus, celle de leur inscription dans l'espace métropolitain, que nous proposons d'analyser dans cet article.

Il convient donc d'identifier la diversité des contextes résidentiels et leur degré de spécialisation sociale. Certes, la division sociale de l'espace métropolitain s'inscrit sur le temps long, comme le rappelaient Rhein et Elissade (2004) dans leur approche critique de la notion de fragmentation urbaine. Toutefois, peut-on identifier des tra-

[1] A tel point qu'en 2018 le ratio indice du prix des logements / revenu disponible est de 2,07 en Ile-de-France (1,72 en France) – relativement à une base 1 en 1965 (Friggit, 2018).

jectoires d'évolution spécifiques à tel ou tel type de contexte résidentiel depuis le début des années 2000 ? Qu'en est-il en particulier de la concentration de la pauvreté dans les communes les plus populaires ?

Il s'agit en outre de mettre en évidence la répartition des ménages dans les différents contextes résidentiels et d'apprécier les processus de concentration à l'œuvre. Au-delà de l'association réductrice entre ségrégation et pauvreté, comme le rappelle Floch (2017) dans sa récente approche comparative de la ségrégation dans les métropoles françaises, quelle est la contribution des différentes catégories de ménages - riches, pauvres, classes moyennes - au processus ?

Nous nous appuierons sur le fichier FILOCOM de la Direction Générale des Finances publique qui décrit le parc de logements et ses occupants, en particulier leur revenu - nous retenons ici le revenu fiscal de référence[2] des ménages[3]. Les bases de données extraites de ce fichier[4] et utilisées dans le cadre de ce travail décrivent les 1 300 commune de la région Ile-de-France selon la répartition des ménages résidents en dix classes de revenus, correspondant aux déciles franciliens de revenus. Cette source originale permet non seulement de positionner les communes les unes relativement aux autres, mais également de saisir l'hétérogénéité sociale infra-communale à travers l'examen des profils communaux de revenus et enfin, d'observer la répartition des ménages de chaque classe de revenus dans les 1 300 communes franciliennes. Autrement dit, elle permet de caractériser aussi bien les contextes résidentiels que le niveau de ségrégation de chaque catégorie de ménages.

Des travaux antérieurs effectués à partir de cette source ont mis en évidence le renforcement des disparités socio-spatiales de l'espace résidentiel francilien et en particulier, l'accentuation du profil social des différents types de communes (François et al., 2007 ; Fleury et al., 2012 ; Ribardière, 2016). On observe ainsi un double mouvement : le creusement des écarts entre les territoires les plus riches et les territoires les plus pauvres d'une part, et le renforcement de la spécialisation sociale de l'espace des classes moyennes d'autre part. Ce dernier processus doit être mis en relation non seulement avec le mouvement général de déformation « par le haut » de la structure sociale francilienne (Clerval et Delage, 2014 ; Sagot, 2013), mais aussi avec l'évolution des stratégies des promoteurs et la diffusion des programmes immobiliers dans l'espace régional au cours des années 2000 (Trouillard, 2014).

La double tendance à la polarisation socio-spatiale et à la « moyennisation » de l'espace résidentiel, que l'exploitation du fichier de 2015 va permettre de confirmer, suggère deux processus que nous souhaitons ici documenter : une homogénéisation de l'espace résidentiel à l'échelle locale et un renforcement de la ségrégation résidentielle, autrement dit une accentuation de la séparation des groupes sociaux dans l'espace à l'échelle de l'agglomération.

Nous commencerons ainsi par proposer une image actualisée de la division sociale de l'espace du point de vue de la richesse des ménages en 2015, au moyen d'une typologie. Pour compléter l'analyse des formes spatiales et adopter une approche diachronique, nous mobiliserons ensuite deux types d'indices. Un indice de localisation (l'indice de ségrégation de Duncan) va permettre de comparer la répartition des ménages selon leurs revenus et d'observer l'évolution de la ségrégation de chaque catégorie. Un indice de spécialisation (l'indice d'Isard) va permettre de comparer les

[2] FILOCOM renseigne également le revenu brut avant abattement.

[3] De manière à pouvoir comparer le revenu de ménages de taille et de composition différentes, il est exprimé en unités de consommation : 1 UC pour le premier adulte du ménage, 0,5 UC pour les autres personnes de 14 ans ou plus, 0,3 UC pour les personnes de moins de 14 ans.

[4] Nous remercions ici la DREIA Ile-de-France et le CEREMA Nord-Picardie pour avoir mis à notre disposition les données dans le cadre d'un partenariat de recherche.

contextes résidentiels selon leur degré de diversité sociale. Enfin, le renforcement de l'homogénéité sociale observé dans le cas des communes populaires nous invitera à approfondir leur étude et à distinguer plusieurs trajectoires d'évolution.

1. CARTE DE LA RICHESSE ET DE LA PAUVRETÉ DANS L'ILE-DE-FRANCE DES ANNÉES 2015

La base de données extraite du fichier FILOCOM permet de décrire chaque commune selon la répartition des ménages résidents en 10 classes de revenus, chaque classe représentant un décile de revenus. L'utilisation d'un référentiel local se justifie par la spécificité de la structure des revenus et par l'ampleur des écarts qui caractérise la région parisienne : le revenu médian est plus élevé en Ile-de-France qu'en province, le dernier décile également, toutefois le premier décile est un peu plus bas (Labrador, 2013). Autrement dit, si les riches sont plus riches en Ile-de-France qu'ailleurs en métropole, les pauvres sont aussi souvent plus pauvres.

Comment interpréter cette grille de lecture en classes de revenus relativement à la structure sociale des ménages ? Nous reprenons dans l'encadré 1 les conclusions formulées par Bigot (2008), obtenues notamment après un croisement entre déciles de revenus et PCS.

Encadré 1. Déciles de revenus et structure sociale

Les 10% de la population les plus riches sont appelés « hauts revenus » (10ème décile).
Les 10% situés juste en dessous sont nommés « catégories aisées » (9ème décile).
Les « classes moyennes » représentent, quant à elles, 50% de la population, et elles se découpent en deux catégories : 30% de la population constituent les « classes moyennes inférieures » (déciles 4 à 6), 20% représentent les « classes moyennes supérieures » (déciles 7 et 8).
En bas de l'échelle des revenus, 10% de la population constituent les « catégories pauvres » (1er décile), tandis que 20% sont identifiés sous le terme de « catégories modestes » (déciles 2 et 3).

Les profils des 1300 communes franciliennes peuvent être classés en 8 types, obtenus au moyen d'une classification ascendante hiérarchique[5]. Chaque type peut être décrit par un profil moyen, que l'on interprète relativement au référentiel régional où chaque classe de revenus renferme 10% des ménages (figure 1).

Le premier type regroupe les quelques arrondissements parisiens (6, 7, 8 et 16ème) et communes de banlieue (Neuilly-sur-Seine) les plus sélectifs : en moyenne, près de 40% des ménages résidents déclarent des revenus relevant du 10ème décile. L'homogénéité sociale de cet espace résidentiel tient autant à la surreprésentation massive des hauts revenus et des catégories aisées qu'à la sous-représentation des autres catégories de ménages, systématique à partir du 8ème décile.

On retrouve ce profil dans le deuxième type de communes, un peu moins accusé toutefois et moins exclusivement central.

Le troisième type de communes peut également être rattaché à ces contextes résidentiels marqués par la richesse, plus hétérogène que les deux précédents mais dans lequel les classes moyennes inférieures et les ménages modestes et pauvres restent sous-représentés. Ces trois types de communes réunissent ensemble 37% des ménages franciliens (tableau 1).

---

[5] Classification ascendante hiérarchique effectuée sur les effectifs communaux de ménages par décile francilien de revenus, métrique du Khi 2.

Figure 1. Richesse et pauvreté dans les communes franciliennes en 2015

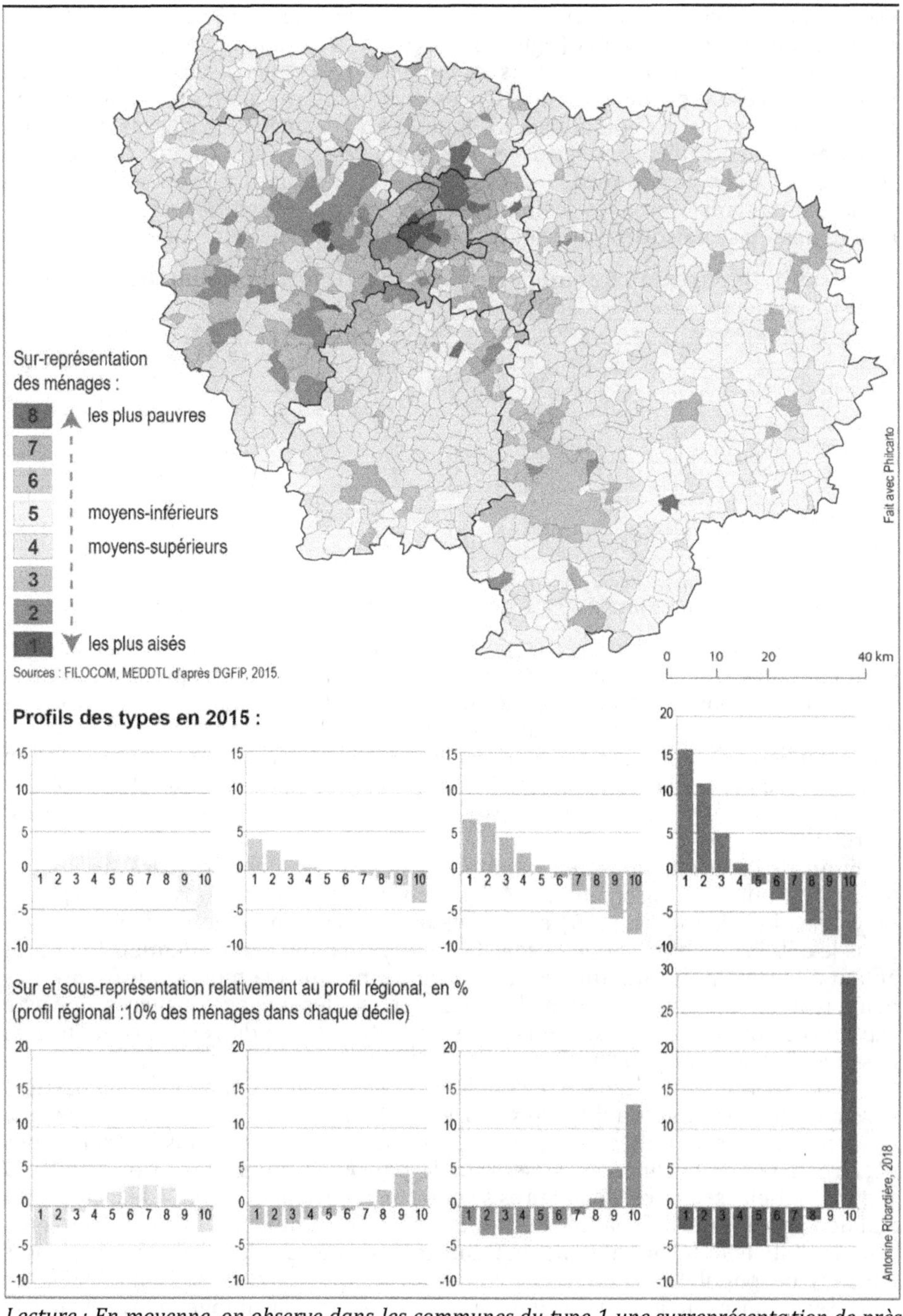

Lecture : En moyenne, on observe dans les communes du type 1 une surreprésentation de près de 30% des ménages du 10ème décile, relativement à la moyenne régionale de 10%. Autrement dit, près de 40% des ménages relèvent du 10ème décile de revenus.

A l'opposé de l'échelle sociale, il existe des communes caractérisées par une surreprésentation des ménages pauvres et modestes. Si cette surreprésentation est notable, en particulier dans le type 8 où les ménages pauvres représentent le quart des ménages résidents (figure 1), il convient de souligner qu'elle n'atteint pas les niveaux des plus riches dans les communes les plus aisées. On note également que les classes moyennes inférieures restent relativement bien représentées, en particulier dans les communes du type 7. En revanche, les classes moyennes supérieures, les catégories aisées et les hauts revenus sont notablement sous-représentés dans ces contextes résidentiels – davantage en proportion que les ménages pauvres dans les communes aisées. On observe donc une forme d'évitement des catégories supérieures envers ces types de communes.

Tableau 1. Répartition des ménages dans les 8 types de communes en 2015

Part des ménages de chaque décile de revenus, en %

Type	1er décile	2e décile	3e décile	4e décile	5e décile	6e décile	7e décile	8e décile	9e décile	10e décile	Total
1	2,4	1,7	1,6	1,6	1,7	1,8	2,3	2,9	4,4	13,3	3,4
2	8,3	6,9	6,9	7,2	7,7	8,4	9,9	12,1	16,2	25,2	10,9
3	17,2	16,5	17,5	18,6	19,7	21,4	23,8	27,1	31,8	32,4	22,6
4	9,3	13,1	16,8	19,8	21,7	23,1	23,3	22,8	19,8	12,3	18,2
5	13,2	16,4	18,3	19,0	18,8	18,0	16,6	14,2	10,8	5,7	15,1
6	19,8	17,7	15,9	14,7	14,1	13,6	13,1	12,6	11,4	8,2	14,1
7	20,0	19,4	17,1	14,8	13,0	11,1	9,0	7,0	4,8	2,4	11,9
8	9,8	8,2	5,8	4,3	3,3	2,6	2,0	1,4	0,9	0,4	3,9
Total	100	100	100	100	100	100	100	100	100	100	100

Sources : FILOCOM, MEDDTL d'après DGFiP, 2015. Lecture : Les communes du type 1 réunissent au total 3,4% des ménages franciliens, mais 13, 3% des ménages du 10ème décile et 2,4% des ménages du 1er décile.

Un autre type de communes (type 6), qui intègre les trois arrondissements du nord-est parisien (18, 19 et 20ème), se distingue par une surreprésentation des catégories populaires, associée à une sous-représentation des catégories aisées et des hauts revenus – moins marquée cependant dans les arrondissements parisiens qu'en banlieue. On retrouve à l'intérieur de Paris *intra muros* la surreprésentation des bas revenus classique dans les villes-centres (Floch, 2017). Au total, 30% des ménages résident dans ces contextes résidentiels populaires, où la pauvreté est surreprésentée.

Enfin, deux autres types de communes peuvent être identifiés, caractéristiques de la couronne périurbaine, dans lesquels ce sont cette fois les catégories moyennes inférieures (type 5) et supérieures (type 4) qui sont surreprésentées. Dans le détail, on observe que la spécificité de ces contextes résidentiels tient tout autant à la surreprésentation des classes moyennes qu'à la moindre présence des hauts revenus et également, dans le cas du type 4, des ménages pauvres. Ce vaste espace résidentiel des classes moyennes constitue le lieu de résidence d'un tiers des ménages au total (tableau 1).

La répartition dans l'espace régional de ces 8 types de communes rend particulièrement bien compte du modèle sectoriel en Ile-de-France : l'opposition entre le principal secteur de richesse, depuis le centre de Paris jusque dans les communes périurbaines des Yvelines, et le secteur de pauvreté, compact au Nord de Paris (figure 1). Deux secteurs secondaires se détachent également le long de la Seine, au Sud de Paris. L'emprise spatiale de l'espace résidentiel des classes moyennes constitue la deuxième forme notable, qui doit toutefois être relativisée au regard des densités de population nettement moins fortes qui les caractérisent. Enfin, les villes secondaires de la grande couronne se détachent, davantage marquées par la pauvreté que leur environnement rural : on lit ici l'empreinte des grands ensembles de logements sociaux à Mantes-La-Jolie ou encore Trappes dans les Yvelines, Etampes en Essonne, Montereau-Fault-Yonne ou Meaux en Seine-et-Marne.

Nous retenons deux éléments de ce rapide balayage de la carte sociale francilienne. Premièrement, la forte homogénéité sociale des contextes résidentiels les plus favorisés, qui n'a pas son égal du côté des contextes populaires. Cette homogénéité sociale s'accompagne d'une concentration des hauts revenus, bien plus forte que celle des ménages pauvres : plus de 70% des ménages du dernier décile résident dans les types 1, 2 et 3, contre à peine 50% des ménages pauvres dans les contextes populaires des types 6, 7 et 8[6] (tableau 1). La pauvreté apparaît ainsi plus diffuse que la richesse.

Deuxièmement, la position centrale, ou péricentrale, des contextes les plus marqués socialement, tant par la richesse que par la pauvreté. On retrouve ici les observations qui ont pu être effectuées sur d'autres villes, à partir d'autres méthodes et à d'autres échelons d'observation, selon lesquelles la ségrégation s'avère plus marquée en banlieue qu'en périphérie (Floch, 2017). Toutefois, l'association entre les communes marquées par la surreprésentation des classes moyennes et les positions résidentielles des classes moyennes n'est que partielle : situées en périphérie, ces communes renvoient à de faibles densités. Malgré leur emprise spatiale, elles ne réunissent que 40% des ménages des déciles 4 à 8. En particulier, nous avons noté que les classes moyennes inférieures étaient bien représentées dans les communes populaires : environ 30% y résident.

Pour parlante qu'elle soit dans l'interprétation des contextes locaux, l'image cartographique présentée dans la figure 1 n'épuise pas la question des disparités socio-spatiales en Ile-de-France. En elle-même, elle ne dit rien de l'intensité de la ségrégation résidentielle - autrement dit de la séparation des différentes catégories de ménages dans l'espace. La ventilation des ménages par grands types de contextes résidentiels, telle que présentée dans le tableau 1, autorise une première lecture de la co-présence des différentes catégories au sein d'un même contexte. Pour aller plus loin, on mobilise une deuxième famille de mesures de la ségrégation : les indices (Brun et Rhein, 1994 ; Oberti et Préteceille, 2016) qui autorisent une approche de la ségrégation du point de vue des différentes *catégories de ménages* d'une part, du point de vue des différents *contextes résidentiels*, d'autre part.

2. ÉVOLUTION DES CHOIX RÉSIDENTIELS : LA RÉPARTITION DES MÉNAGES DANS L'ESPACE FRANCILIEN

Il s'agit dans un premier temps d'adopter une approche sociale, en observant la répartition des ménages entre les 1 300 communes franciliennes. Nous avons ici considéré chaque classe de revenus comme un groupe social pour appliquer à chacune un indice de localisation : le très classique indice de ségrégation de Duncan (pour une revue des différents indices de ségrégation, voir Apparicio, 2000, ou la synthèse effectuée par Massey et Denton, 1988).

Certes, un décile de revenus n'a pas la cohérence sociologique d'une catégorie socio-professionnelle telle que définie par l'INSEE, ni celle d'un groupe ethnique aux Etats-Unis. Toutefois, d'un point de vue méthodologique, ce découpage des ménages en déciles présente l'avantage de rester stable en effectif relatif : l'augmentation de l'indice ne peut pas être imputée à un effet de structure - par exemple, à la diminution du poids d'un groupe et inversement.

[6] Rappelons que ces deux groupes de communes comptent respectivement 37 et 30% de l'ensemble des ménages.

L'indice de ségrégation compare la répartition d'un groupe dans un ensemble d'unités spatiales avec celle des autres groupes[7] : il varie entre 0 et 1 – 0 dans le cas où la classe de revenus est représentée de manière équivalente dans chacune des 1 300 communes; 1 dans le cas de concentration maximale (figure 2).

Figure 2. Niveau de ségrégation des ménages par déciles de revenus en 2015

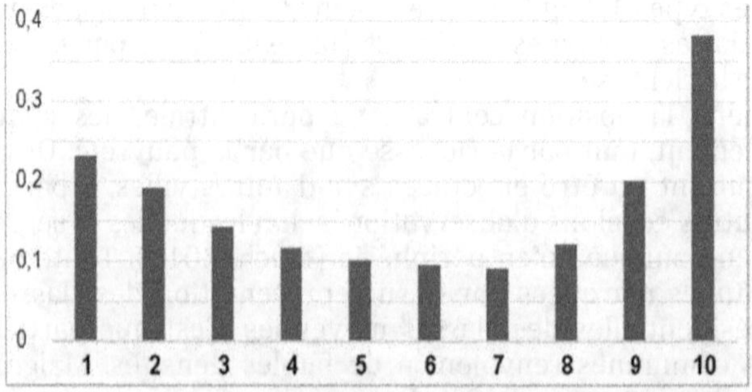

Sources : FILOCOM, MEDDTL d'après DGFiP, 2015.

En 2015, c'est de loin les hauts revenus qui sont caractérisés par l'indice de ségrégation le plus fort : 0.38. On retrouve ici un résultat « ancien, stable et systématique », comme le soulignait Préteceille (2006) au sujet des classes supérieures : la ségrégation la plus forte est d'abord celle des catégories les plus aisées. Madoré (2015) observe de son côté que les cadres obtiennent les indices de ségrégation les plus élevés dans l'essentiel des 50 premières aires urbaines françaises, même si l'ampleur du phénomène est nettement plus forte dans l'aire urbaine parisienne que dans les autres.

Au contraire, la pauvreté apparaît plus diffuse : indice de 0.23 seulement pour le 1er décile réunissant les ménages les plus pauvres. Viennent ensuite respectivement les catégorie aisées (9ème décile), puis les catégories modestes. Les catégories moyennes, du 4ème au 8ème décile, apparaissent les moins ségrégés, autrement dit c'est pour ces catégories que les choix résidentiels apparaissent les plus hétérogènes.

Quelle a été l'évolution au cours des années 2000 ?

On retient tout d'abord l'augmentation générale de la valeur des indices, quelles que soient les classes de revenus considérées : les choix résidentiels apparaissent donc de plus en plus orientés, ou contraints (figure 3). On note ensuite que ce sont les catégories les plus aisées qui ont connu les plus fortes augmentations et en premier lieu, les hauts revenus. L'auto-ségrégation des ménages les plus riches est non seulement la forme de ségrégation la plus forte à l'échelle communale, mais elle va en se renforçant.

Un troisième élément, moins attendu, concerne l'augmentation de l'indice des catégories modestes (2ème et 3ème déciles) : pour ces ménages, les choix résidentiels seraient de plus en plus contraints, et orientés vers un nombre de communes qui se restreint.

Pour avancer dans l'interprétation de ces évolutions et faire le lien avec la carte de la richesse et de la pauvreté présentée plus haut, on confronte la répartition des

---

[7] $IS = \frac{1}{2} \sum |n_{ij} / n_{.j} - (n_{i.} - n_{ij} / n_{..} - n_{.j})|$ avec n_{ij} = le nombre de ménages de la classe j dans l'unité spatiale i, $n_{.j}$ = le nombre total de ménages de la classe j, $n_{i.}$ = le nombre total de ménages dans l'unité spatiale i, $n_{..}$ = le nombre total de ménages dans l'ensemble de référence observé.

ménages dans les 8 types de communes en 2011 et 1999 (tableau 2), relativement à celle observée en 2015[8] (tableau 1). L'interprétation du changement social à partir d'une telle approche est limitée dans la mesure où les données ne permettent pas de distinguer les changements dus à la mobilité résidentielle des ménages, des changements dus à l'évolution des revenus des ménages résidents. Il est tout de même possible de dégager de grandes tendances.

Figure 3. Niveau de ségrégation des ménages par déciles de revenus en 1999, 2011 et 2015

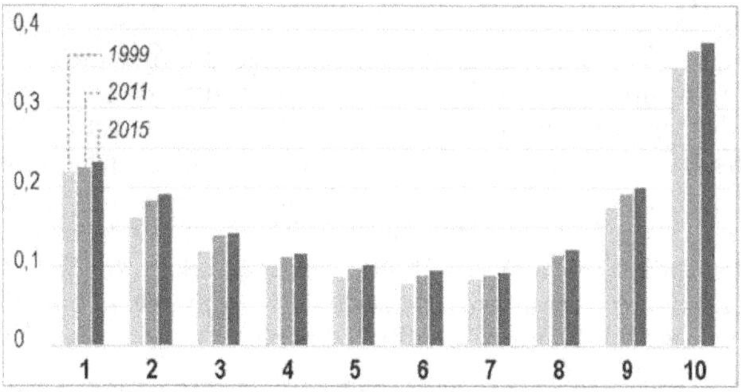

Sources : FILOCOM, MEDDTL d'après DGFiP, 1999, 2011, 2015.

Tableau 2. Répartition des ménages dans les 8 types de communes en 1999 et 2011

Part des ménages de chaque décile de revenus, en %

2011

Type	1er décile	2e décile	3e décile	4e décile	5e décile	6e décile	7e décile	8e décile	9e décile	10e décile	Total
1	2,5	1,7	1,6	1,7	1,8	1,9	2,3	3,1	4,6	13,6	3,5
2	8,6	7,1	7,2	7,5	8,0	8,6	10,1	12,4	16,2	25,2	11,1
3	18,1	17,1	17,9	19,1	20,3	21,7	24,1	27,3	31,5	31,9	22,9
4	9,5	13,3	16,8	19,2	20,9	22,4	22,8	22,0	19,5	12,3	17,9
5	13,0	16,4	18,1	18,6	18,4	17,7	16,2	14,1	10,8	5,8	14,9
6	20,3	17,9	16,0	14,9	14,3	13,8	13,3	12,6	11,4	8,1	14,3
7	19,0	18,9	16,7	14,6	12,9	11,1	9,2	7,1	4,9	2,6	11,7
8	9,1	7,7	5,6	4,3	3,4	2,7	2,0	1,5	0,9	0,5	3,8

1999

Type	1er décile	2e décile	3e décile	4e décile	5e décile	6e décile	7e décile	8e décile	9e décile	10e décile	Total
1	2,5	1,9	2,0	2,0	2,0	2,1	2,4	3,3	5,0	14,6	3,8
2	9,3	8,1	8,1	8,3	8,7	9,4	10,3	12,6	16,4	24,4	11,6
3	18,7	18,4	19,0	20,0	21,1	22,2	24,0	26,8	30,3	30,7	23,1
4	9,4	13,2	16,4	18,0	19,4	20,3	21,0	20,4	18,4	12,1	16,9
5	12,5	15,9	17,3	17,7	17,4	16,8	15,9	14,0	11,3	6,4	14,5
6	20,5	17,5	15,9	15,0	14,6	14,1	13,5	12,7	11,3	8,0	14,3
7	18,4	17,8	15,9	14,4	13,0	11,8	10,2	8,3	6,0	3,1	11,9
8	8,7	7,1	5,5	4,5	3,7	3,2	2,7	1,9	1,3	0,6	3,9

Sources : FILOCOM, MEDDTL d'après DGFiP, 1999, 2011, 2015.

[8] On conserve ici la typologie établie pour 2015 : c'est donc par rapport aux profils identifiés en 2015 qu'est observée la répartition des déciles en 2011 et 1999.

Tout d'abord, on observe une diffusion des ménages les plus riches au sein des communes favorisées[9] – davantage en banlieue qu'en position centrale. Au total, l'espace résidentiel favorisé gagne ainsi en homogénéité. Ensuite, les classes moyennes renforcent leurs positions dans les communes où elles étaient déjà surreprésentées. Enfin, la représentation des ménages pauvres et modestes s'accroît dans les communes populaires, ainsi que celle de la frange inférieure des classes moyennes (4ème décile) dans les communes du type 7. Il convient de noter ce dernier point : les classes moyennes inférieures maintiennent et/ou renforcent leur position non seulement dans l'espace des classes moyennes, mais également dans les communes populaires. En revanche, elles sont de moins en moins nombreuses à résider dans les communes favorisées[10].

D'une manière générale, les classes moyennes supérieures et les plus riches sont de moins en moins nombreuses dans les communes populaires ; les ménages pauvres et modestes sont de moins en moins nombreux dans les communes de banlieue les plus aisées, ainsi que dans l'espace des classes moyennes supérieures.

On observe donc, de manière presque caricaturale, une « simplification » des choix résidentiels des ménages. Cette simplification alimente le processus de polarisation socio-spatiale d'une part (distance résidentielle entre les plus riches et les plus pauvres) et d'autre part le processus de « moyennisation » (entendu comme le renforcement de la spécialisation sociale de l'espace des classes moyennes).

3. ÉVOLUTION DES CONTEXTES RÉSIDENTIELS : LES PROFILS SOCIAUX COMMUNAUX

Il s'agit dans cette approche de caractériser l'espace résidentiel lui-même, en observant l'évolution de l'hétérogénéité sociale infra-communale. Un autre indice classique est mobilisé : l'indice d'Isard, qui compare chaque profil communal au profil régional de référence[11]. L'indice varie entre 0 et 1, il est d'autant plus élevé que le profil communal s'éloigne de la référence régionale – autrement dit, qu'il apparaît spécialisé. La figure 4 présente la valeur moyenne des indices pour chaque type de communes en 2015. Les écarts entre les huit valeurs moyennes sont particulièrement significatifs : la variation des indices selon les types de communes rend compte, à elle-seule, de 28% de la variance totale.

Deux types de communes apparaissent particulièrement spécialisés : les plus riches, mais aussi les plus pauvres du point de vue des ménages résidents. En 2015, l'homogénéité sociale des communes les plus pauvres apparaît quasiment aussi forte que celle des communes riches : ce n'est pas un résultat habituel et en réalité, ce résultat correspond à une tendance récente.

La valeur des indices a augmenté au cours des années 2000 (figure 5). On rejoint ici la conclusion effectuée à partir de l'évolution des indices de ségrégation : la carte sociale se simplifie en Ile-de-France, dans le sens d'une homogénéisation des contextes résidentiels à l'échelle locale – et ce faisant, d'une diminution de l'hétérogénéité sociale des voisinages.

C'est dans le groupe des communes les plus pauvres que cette hétérogénéité a le plus diminué, comme en témoigne l'augmentation de l'indice de spécialisation. En outre, cette augmentation a été particulièrement rapide au cours de la période récente. Autrement dit, on observe très clairement une diminution de

[9] Cf. la concentration des ménages du 10ème décile dans les communes du type 3, qui passe de 30,7% en 1999 à 32,4% en 2015, tandis que le poids total de ces communes diminue légèrement (de 23,7% en 1999 à 22,6% en 2015).

[10] 30,3% des ménages du 4ème décile résident dans les communes des types 1, 2 et 3 en 1999, contre 27,4% en 2015.

[11] $II = \frac{1}{2} \sum |n_{ij} / n_{i.} - n_{.j} / n_{..}|$

l'hétérogénéité dans les communes populaires, à tel point qu'en 2015 elles atteignent presque le même niveau de spécialisation que les communes les plus riches.

Ce renforcement de l'homogénéité sociale dans les communes populaires est alimenté par un double mouvement : la diminution de la représentation des classes moyennes supérieures et des ménages aisés d'une part, l'augmentation du poids des ménages pauvres et modestes, voire des classes moyennes inférieures, d'autre part. Dans le détail, ce double mouvement renvoie à des configurations qui peuvent varier, bien mises en évidence par une analyse des taux de variation moyens annuels des dix classes de revenus, au sein du groupe des communes urbaines[12] populaires (types 8, 7 et 6). La figure 6 présente ainsi une typologie des communes populaires, selon leur trajectoire depuis le début des années 2000[13].

Figure 4. Niveau de spécialisation des communes par types en 2015

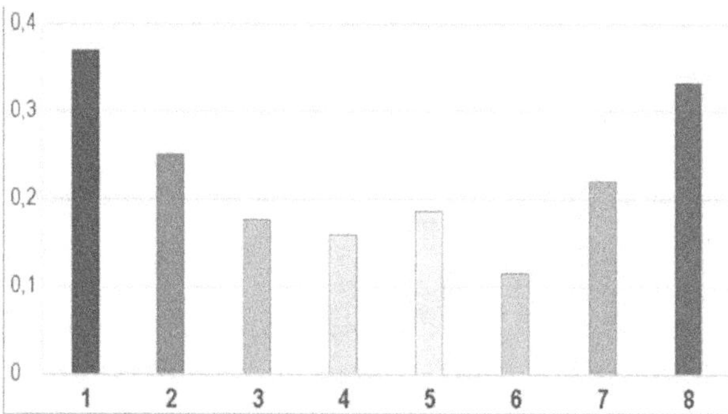

Sources : FILOCOM, MEDDTL d'après DGFiP, 2015.

Figure 5. Niveau de spécialisation des communes par types en 1999, 2011 et 2015

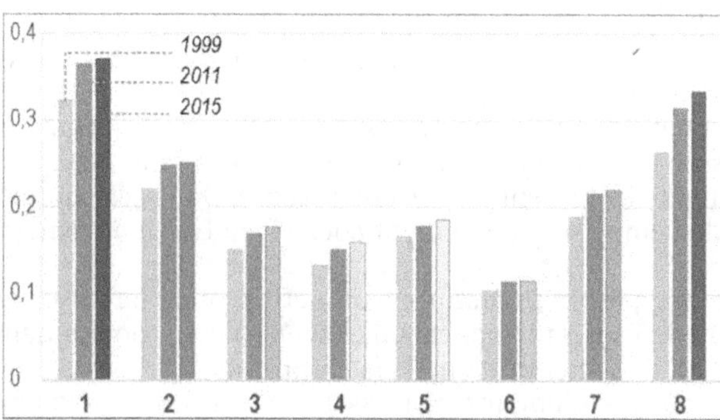

Sources : FILOCOM, MEDDTL d'après DGFiP, 1999, 2011, 2015.

[12] On retient ici les communes appartenant à une unité urbaine en 2010, selon l'Insee. Trois communes, de faible poids démographique, ont été exclues des traitements du fait de leur profil atypique : Rolleboise (78), Bray-sur-Seine (77) et Vaudherland (95).

[13] Typologie effectuée au moyen d'une classification ascendante hiérarchique appliquée sur les taux d'évolution 1999-2011 et 2011-2015 de chaque décile de revenus, métrique euclidienne.

En banlieue nord, d'Aubervilliers (93) à Goussainville (95), et de manière plus éparse en amont de la Seine (Evry, Grigny) et en aval (Les Mureaux), un ensemble de communes enregistrent de fortes augmentations des ménages pauvres et modestes, aux revenus inférieurs au 3ème décile, et un recul très net des ménages relevant des catégories moyennes et supérieures - au-delà du 5ème décile. Les taux de croissance positifs de la frange inférieure des classes moyennes ne suffisent pas à enrayer une trajectoire de paupérisation, continue sur toute la période.

Figure 6. Trajectoires des communes populaires franciliennes, 1999-2015

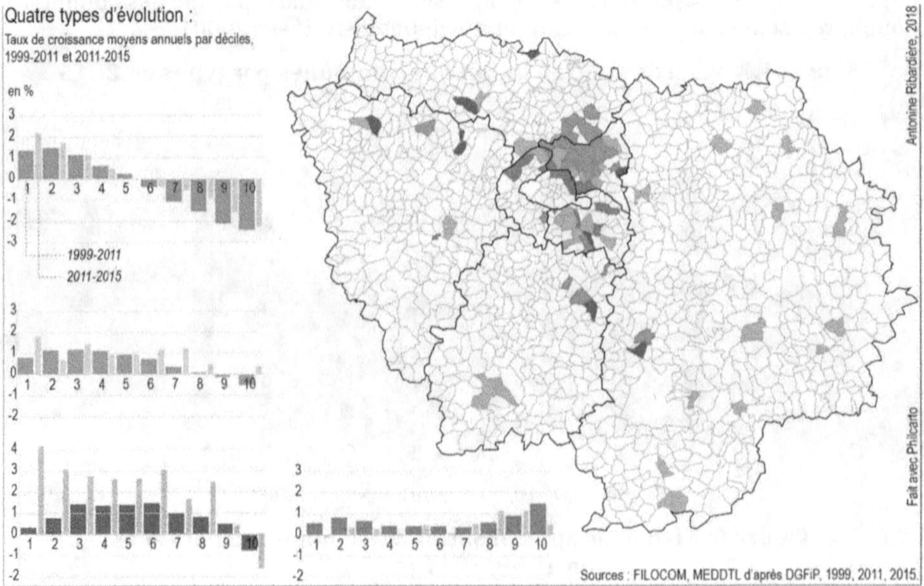

A l'opposé, dans les arrondissements populaires du nord parisien, ainsi que dans quelques communes de la première couronne [Clichy (92), Saint-Ouen, Montreuil (93)], le poids des ménages pauvres et modestes, jusqu'aux franges inférieures des classes moyennes, augmente nettement moins vite que celui des catégories aisées, en particulier sur la période récente. Dans ces contextes centraux, il semble que seule l'emprise du logement social freine le mouvement de gentrification.

Entre ces deux types de trajectoires, un petit groupe de communes se caractérise par des taux de croissance particulièrement élevés, notamment depuis le début des années 2010. Le maintien de la surreprésentation des ménages pauvres et modestes s'accompagne d'une forte croissance des classes moyennes, à mettre en relation avec une production importante de logements en accession à la propriété à destination de ces catégories. Ainsi par exemple la commune de Corbeil-Essonnes (91), qui a été en 2014 « sans conteste la commune la plus vendeuse du département, mais aussi de la région, avec 309 transactions opérées en collectif » (ADIL75, 2015). Un deuxième groupe de communes suit une trajectoire proche, sans connaître toutefois le même dynamisme démographique : le nombre de ménages pauvres et modestes se maintient en valeur absolue, tandis que celui des autres catégories augmente plus rapidement : catégories moyennes en grande couronne, catégories aisées en proche banlieue (Saint-Denis, Romainville en Seine-Saint-Denis).

Ainsi, la diversité des trajectoires des communes populaires ne se limite pas à l'opposition entre relégation et gentrification – même si ces deux trajectoires sont une réalité en proche couronne. D'autres formes de changement s'opèrent, qui intègrent un renforcement du poids des classes moyennes et ce faisant, pose un certain nombre de questions : celle des mobilités à l'origine du peuplement des nouveaux parcs résidentiels, celle des nouvelles formes de mixité sociale qui se jouent localement, celle également de l'évolution de ce type de trajectoires.

CONCLUSION

La polarisation socio-spatiale se renforce incontestablement en Ile-de-France. Premièrement, les choix résidentiels des plus riches sont de plus en plus sélectifs, au sein d'un espace résidentiel qui s'étend et qui devient de plus en plus exclusif. Deuxièmement, si la pauvreté reste plus diffuse spatialement que la richesse – la trame du logement social permet le maintien des ménages modestes dans des contextes par ailleurs favorisés – il n'en reste pas moins que les communes populaires perdent en hétérogénéité. Cette spécialisation sociale croissante se nourrit non seulement du renforcement du poids des plus pauvres mais également de celui des catégories moyennes inférieures – dynamiques que ni l'approche en termes de relégation ni en termes de gentrification ne permet de saisir de manière satisfaisante. Troisièmement, les choix résidentiels des catégories moyennes se précisent, à l'écart des contextes résidentiels les plus aisés.

Cette inscription des disparités de revenus dans l'espace métropolitain n'est pas uniquement le reflet des inégalités sociales, mais elle en constitue une dimension dans la mesure où les divisions spatiales induites sont suffisamment puissantes pour alimenter à leur tour des processus d'inégalité sociale.

REFERENCES

ADIL75, 2015, *Le marché du logement neuf en Ile-de-France*, Note de conjoncture annuelle.

Apparicio P., 2000, Les indices de ségrégation résidentielle : un outil intégré dans un système d'information géographique, *Cybergeo : European Journal of Geography*, Espace, Société, Territoire, document 134.

Bellidenty J., Martinez C., 2015, Les prestations sociales et les impôts réduisent les écarts de revenus de 38% en Ile-de-France, mais la pauvreté reste forte, *Insee Analyse Ile-de-France*, 25.

Bigot R., 2008, *Les classes moyennes sous pression*, Cahier de recherche du CREDOC, 249.

Brun J., Rhein C., 1994, *La ségrégation dans la ville*, L'Harmattan, Paris.

Clerval A., Delage M., 2014, La métropole parisienne : une mosaïque sociale de plus en plus différenciée, *Métropolitiques.*

Faye, B., Lacour, C. & Le Fur, É., 2016, Géographie des ménages fortunés en France: Étude des déterminants de la localisation des ménages soumis à l'Impôt de Solidarité sur la Fortune. *Revue d'Économie Régionale & Urbaine*, 3, 487-526.

Fleury A., François J-C., Mathian H., Ribardière A., Saint-Julien T., 2012, Les inégalités spatiales de revenus des ménages progressent-elles en Île-de-France ?, *Métropolitiques.*

Floch J.-M., 2017, Niveaux de vie et ségrégation dans douze métropoles françaises, *Economie et statistique*, 497-498, 73-97.

François J.-C., Mathian H., Ribardière A., Saint-Julien T., 2007, Riches et pauvres en Ile-de-France : formes et sens des voisinages, *in* Saint-Julien T., Le Goix R., *La métropole parisienne. Centralités, inégalités, proximités*, Belin, Paris, 113-137.

Friggit J., 2015, *Le prix de l'immobilier d'habitation sur le long terme* [http://www.cgedd.fr/prix-immobilier-presentation.pdf].

Labrador J., 2013, Une forte hétérogénéité des revenus en Ile-de-France, *Insee Ile-de-France à la page*, 414.

Madoré, F., 2015, Approche comparative de la ségrégation socio-spatiale dans les aires urbaines françaises. *Annales de géographie*, 706,(6), 653-680.

Massey D.S. et Denton N.A., 1988, The dimensions of residential segregation. *Social forces*, 67 (2), 281-315.

Oberti M., Préteceille E., 2016, *La ségrégation urbaine*, La Découverte, Paris.

Poupeau F., François J.-C., 2008, *Le sens du placement. Ségrégation résidentielle et ségrégation scolaire*, Raisons d'Agir, Paris.

Orfeuil P., Wiel M., 2013, Que penser du Grand Paris ? Transport, logement et politique, *Etudes Foncières*, 163, 27-32.

Préteceille E., 2006, La ségrégation sociale a-t-elle augmenté ?, *Sociétés contemporaines*, 62, 2, 69-93.

Rhein C., Elissalde B., 2004, La fragmentation sociale et urbaine en débats, *L'information géographique*, 68 (2), 115-126.

Ribardière A., 2016, Richesse et pauvreté dans les communes populaires franciliennes : les politiques du logement changent-elles la donne ?, *L'Espace géographique*, 1/2016, 45, 61-78.

Sagot M., 2013, *Géographie sociale et habitat en Île-de-France : Évolutions 2001-2011*. IAU – Île-de-France.

Trouillard E., 2014, *La production de logements neufs par la promotion privée en Île-de-France (1984-2012) : marchés immobiliers et stratégies de localisation*, Paris : Université Paris 7 - Denis Diderot, thèse de doctorat.

Income disparities and evolution of residential segregation in Ile-de-France

Abstract - An analysis of the evolution of the residential segregation based on the resident household in 1999, 2011 and 2015 in Ile-de-France shows how the residential choices are made according to an increasingly simplified pattern which seems to confirm the enforcement of social homogeneity of residential contexts. At the regional scale, this enforcement of segregation is reflected in a double process of polarization and « averagization » of residential area, which affects working-class municipalities in a way that is manyfold.

Key-words

Segregation
Socio-spatial polarization
Averagization
Income disparities
Ile-de-France

Région et Développement

n° 48-2018

www.regionetdeveloppement.org

The impact of the economic crisis on poverty and welfare in Athens

Anastasia PANORI[*1]
Yannis PSYCHARIS[*2]

Abstract - This paper sets out to estimate the impact of the recent economic crisis and austerity measures on income and welfare conditions across municipalities in the Athens metropolitan area. Using data from a unique dataset, which incorporates economic, social and demographic variables for the Athenian municipalities, we illustrate the evolution of three main socio-economic indicators within Athens: mean equivalised income; at-risk-of-poverty rates; and material deprivation. The dataset covers a 12-year period, starting from 2004 and moving on to 2015, including the transition of a prospering economy to a vicious cycle of economic recession. Analysis of the results indicates that the economic crisis has had a tremendous impact on welfare conditions across the metropolitan area of Athens. At-risk-of-poverty rates have increased, and welfare conditions have deteriorated substantially. Moreover, the least well-off areas have shown an increased vulnerability to crisis, thus leading to enlarged income and welfare inequality, as well as social polarization across space. However, the ranking of municipalities throughout this whole study-period remains relatively stable, strengthening the hypothesis that social phenomena show high persistence over time.

JEL Classification
O15, O18, P36, O47

Key-words
Economic crisis
Poverty
Income disparities
Austerity measures
Urban analysis
Athens

[*] Dept. of Economic and Regional Development, Panteion University of Social and Political Sciences, Athens, Greece.
[1] email: an.panori@panteion.gr
[2] email: psycharis@panteion.gr

INTRODUCTION

There is no clear evidence supporting the fact that during recession periods inequality and welfare conditions worsen (Atkinson and Morelli, 2011). When looking at the drivers of inequality, aspects of supply, trade and technology play an important role in its formation, specifically at lower levels of income distribution (Atkinson et al., 2009; Acemoglu, 2011). The ways in which governments encounter inequality throughout periods of economic crises affect its redistribution effects, as well as its depth of penetration into society. In many cases, initial policy responses to a financial crisis include the adoption of austerity measures intended to reform the financial sector. As a result, the resurgence and maintenance of austerity policies adopted by governments have reinforced income inequalities, making the recovery process more uncertain and fragile (UN, 2014).

In some countries, tax benefit systems have shifted income inequality to higher parts of the distribution, reinforcing inequality trends and leading to a vicious cycle of slow growth and poor social progress (OECD, 2011). Choosing well-specified income-support policies, not only during periods of economic recession, but also throughout the overall recovery process, without disconnecting economic policies from their social consequences, is essential. The investigation of the distributional effects of fiscal austerity has revealed a variation between countries, regarding their responses to austerity policies (Ball et al., 2013; Larrimore et al., 2013; Jenkins et al., 2013; Callan et al., 2014; Schneider et al., 2016). Although in some cases fiscal consolidation episodes have prompted significant and long-lasting increases in income inequality, there is still no clear evidence of their impacts. The differences between case studies may result from different initial conditions (Jenkins et al., 2013; Schneider et al., 2016).

According to Donald et al. (2014) there is an urgent need for further investigation of the impacts of austerity over a wide range of spatial levels, focusing primarily on sub-national and urban scales. This is due to the disproportional effect that austerity policies seem to have on specific social groups, defined not only by demographic characteristics, but also by spatial reference units. Meegan et al. (2014) also argue that austerity seems to be especially urbanized, since cities rely, to a large extent, on public services and public employment, which are often an important part of the reform process. In addition to this, diversification of urban institutional, sectoral and social characteristics widely influences the transmission channels through which austerity policies affect each city separately.

The 2008 financial crisis had several impacts on a sub national and city-region scale, which in many cases have resulted in an intensified socio-spatial segregation at neighborhood, intra- or inter-city level (Donald et al., 2014). The disconcerting fact is that absolute levels of inequality rose during this recession period, whilst at the same time, the population living under conditions of extreme poverty in specific neighborhoods also increased, in absolute as well as in relative numbers (Kneebone et al., 2011). Poverty is becoming even more concentrated areas of large urban agglomerations, fueling intra-urban inequality. Of course, this post-crisis intra-urban inequality has emerged as an additional force in the already existing phenomenon of social polarization within cities (Crankshaw, 2017; Boterman et al., 2018). The roots of this pre-crisis urban social divide can be found in the gradual transformation of occupational structure in city-areas (Sassen, 2001; Hamnett, 1994, 1996, 2002; Panori et al., 2018), as well as in additional forms of inequalities, such as educational inequality (Berry & Glaeser, 2005; Glaeser et al., 2009; Florida & Mellander, 2016). In this context, encompassing the spatial dimension is a key enabling factor to explaining intra-urban inequality (Maloutas, 2007; Hulchanski, 2010; Zwiers et al., 2015; Panori and Psycharis, 2017).

The originality of this paper lies in the fact that it aims to illustrate the evolution of selected inequality and poverty measures at a sub-regional level. It uses data for the case of the metropolitan area of Athens, during a 12-year period including a pre- and post-crisis span (2004-2015). Given the fact that Athens is characterized by a fully urban structure, this study offers an essential opportunity to explore possible links that might arise between the economic crisis, income inequality and poverty within a large urban agglomeration during a recession period. Are there any shifts in the existing social segregation patterns in the post-crisis period? Do inequality and poverty, absolute or relative, illustrate similar behavioral characteristics throughout the entire crisis period?

This paper is structured as follows: Section 1 presents an overview of the case of Greece and more specifically Athens, presenting some evidence from the literature related to the 2008 financial crisis. Section 2 introduces the main data and methodological frameworks that were used in the analysis, whilst in Section 3 the key findings of the study are presented. The main conclusions and some discussion for further investigation are given in Section 4.

1. THE GREEK CASE

During the last decade, Greece has undoubtedly experienced the financial crisis in a more severe way than any other European country. In terms of social conditions, there has been a sharp increase in the number of people living in poverty or experiencing social exclusion, especially since 2010. The severity of the economic crisis is even more clear when comparing the Greek case with the overall EU-27 mean. As shown in Fig.1, at-risk-of-poverty rates[3] have sharply increased in Greece between 2004 and 2015, whilst EU-27 values indicate a much smaller rise during the period under investigation. Even more diversity can be seen in the case of material deprivation[4], as the trends between the two curves move in an opposite direction.

By taking a closer look at Fig.1, it becomes evident that, especially after 2010, there has been a significant deterioration in absolute social conditions in Greece, despite the small initial improvement in poverty and social exclusion rates at the beginning of the economic crisis period, in 2008 and 2009. More specifically, the at-risk-of-poverty rates have increased substantially, reaching their peak values in 2012 and 2013 (23.1% in both cases), starting from an initial value of 19.9% in 2004, while material deprivation rates have climbed up to 40% in 2015, starting from 25% back in 2004. At the same time, when looking into additional aspects of social exclusion, significant negative effects have also been reported in the literature in terms of housing and health conditions (Ifanti et al., 2013).

The previous findings refer to absolute changes in living conditions. However, when exploring relative changes in income inequality and poverty, interesting facts come to light, without strongly supporting the hypothesis that inequality has risen dramatically during the recession period (Matsaganis & Leventi, 2011, 2013;

[3] According to Eurostat, the at-risk-of-poverty rate is the share of people with an equivalised disposable income (after social transfer) below the at-risk-of-poverty threshold, which is set at 60% of the national median equivalised disposable income after social transfers. See: https://ec.europa.eu/eurostat/statistics-explained/index.php?title=Glossary:At-risk-of-poverty_rate

[4] According to Eurostat, material deprivation refers to a state of economic pressure, where there is difficulty to pay unexpected expenses, afford a one-week annual holiday away from home, a meal involving meat, chicken or fish every second day, the adequate heating of a dwelling, durable goods like a washing machine, colour television, telephone or car, being confronted with payment arrears (mortgage or rent, utility bills, hire purchase instalments or other loan payments). See: https://ec.europa.eu/eurostat/statistics-explained/index.php/Glossary:Material_deprivation

Mitrakos, 2014; Katsimi et al. 2015; Andriopoulou et al., 2017). On the contrary, there is evidence that austerity led to an initial reduction of income inequality in Greece during the first years of recession, due to a significant shrinkage in wages (Fusco et al., 2010; Matsaganis, 2013; Matsaganis & Leventi, 2014). Leventi and Matsaganis (2016) try to thoroughly investigate the distributional impact of different consolidation policies on the evolution of the Gini index for the case of Greece during the period 2009-2014. Their findings indicate that there is a positive effect on overall income inequality in cases where the policies implemented mostly affect households at the top levels of income distribution (cuts in public sector salaries and pensioners' solidarity contributions). On the contrary, measures related to poorer social groups (such as cuts in unemployment benefits) trigger negative inequality effects. Moreover, additional evidence indicates that persistent high unemployment rates and austerity seem to have caused consumption inequality to rise, increasing the risk long-lasting consequences for poverty and inequality outcomes (Kaplanoglou and Rapanos, 2018).

Figure 1: Evolution of at-risk-of-poverty and material deprivation rates (%) in Greece 2004-2015

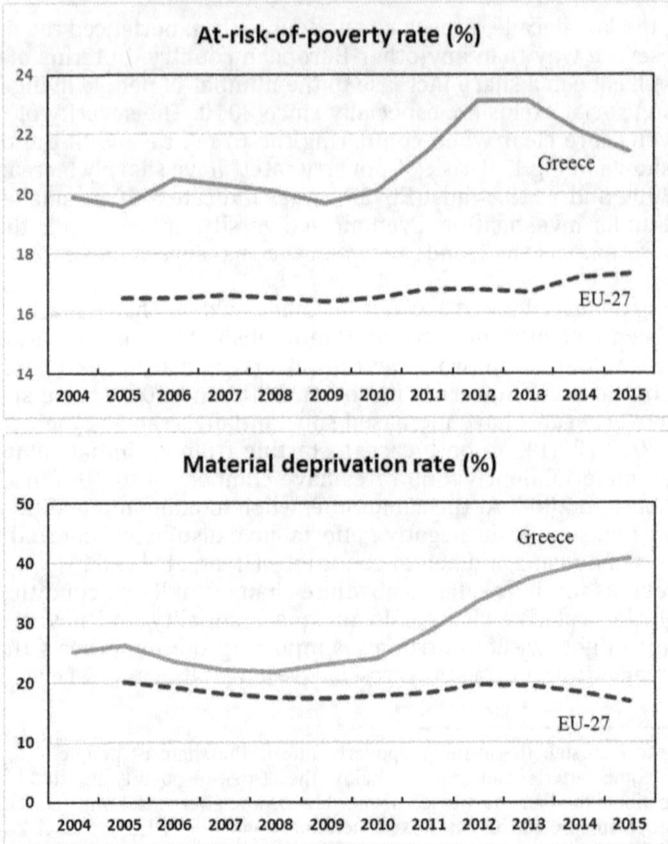

Source: Eurostat [ilc_peps11, ilc_mdsd08].

When looking at policy implications regarding inequality and poverty crucial questions arise, specifically when trying to explore evidence referring to the existence of socio-spatial justice (Hadjimichalis 2011). Monastiriotis (2011) points out that horizontal austerity measures may lead to a widening of the existing unequal spatial distribution of economic outcomes in Greece, broadening regional disparities. To this end, The role of the spatial dimension is highlighted and in fact lies at the center of this investigation. However, little attention has been given by the literature when trying to move from a regional perspective to an urban level of analysis. Psycharis et al. (2014), in an exploration of the regional impact of the economic crisis, states that that metropolitan areas were more vulnerable during this period, whereas islands have shown a higher level of resilience. More specifically, they indicate that although highly urbanized areas are positively related to higher levels of development during periods of economic prosperity, they also seem to be affected the most in periods of economic recession. In terms of social inclusion, Leventi and Matsaganis (2016) come to a similar conclusion, pointing out that Athens has been severely affected by the rise in poverty during the economic crisis period. Nonetheless, additional findings show that income distribution at a NUTS3 level did not experience significant changes during the post-crisis period, with the Attica region still indicating higher values compared to the overall national income distribution (Psycharis and Pantazis, 2016).

Figure 2: Evolution of at-risk-of-poverty and material deprivation rates (%) in Attica 2004-2015

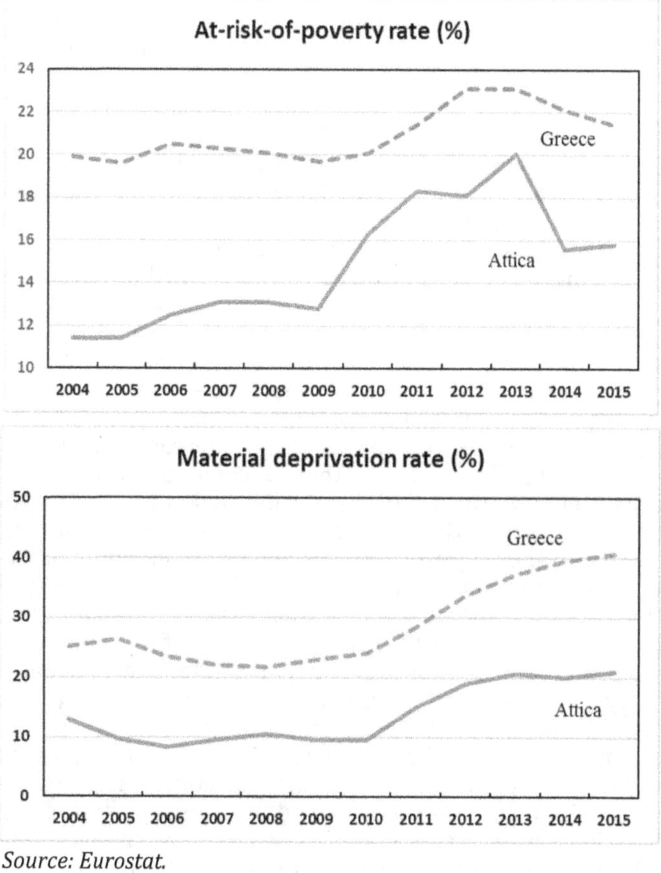

Source: Eurostat.

Fig.2 presents the evolution of at-risk-of-poverty rates and material deprivation in the greater Attica region, compared to the total shares for Greece. As can be seen, although Attica demonstrates much lower shares of at-risk-of-poverty, the increase between 2009-2013 is particularly sharp. It must be pointed out that poverty in this case does not refer to anchored poverty rates, but rather is based on time-varying poverty lines. The picture would be different and closer to the material deprivation trend, if we used anchored poverty estimates, as both these measures express absolute exclusion measures. In the case of material deprivation, there seems to be a continuously rising pattern, which becomes sharper after 2010. In this case there is a similar behavioral pattern between Attica and Greece as a whole.

All previous discussion indicates two main arguments that strongly support the choice of Athens as an essential case study, when trying to investigate the social consequences of the 2008 financial crisis. First, Greece by itself constitutes a special case, as it is still experiencing severe economic changes. This long-lasting situation has created an environment of an extended austerity policy, whose social implications have undergone multiple transformations, each time affecting people's standard of living in a different way. Within this framework, the urban area of Athens constitutes a region of an increased interest, as its population has been vastly affected, not only by the policies implemented, but also by the overall economic transformations. The next section provides details regarding the data sets used in this study to explore the evolution of socio-economic patterns within the metropolitan area of Athens, during the period 2004-2015.

2. DATA AND METHODOLOGY

Measuring income and its inequality components at low spatial levels is not a simple process. It is essential to stress that given the lack of data at an urban level of analysis, the need for adopting new innovative computational techniques to enrich the available data at low spatial levels for investigating complex socio-economic phenomena becomes evident. To this end, all the essential input for exploring these variables comes from the SimAthens database, which is based on simulated results of a static spatial microsimulation model (Panori et al., 2017). Even though the analysis is based on simulated data, indicating weaknesses in some cases, this database is the only available data source for low spatial level of analysis, referring to income and social inclusion indicators. Variables used in this paper to approximate socio-economic conditions for each one of the 59 municipalities within the metropolitan area of Athens include mean equivalised income per capita, at-risk-of-poverty rates and material deprivation.

According to the OECD (2013), mean equivalised income per capita refers to the standardized economic resources available to each individual in a household, where standardization reflects the economies of scale relevant to the household. At the same time, at-risk-of-poverty rate is calculated as the share of people living in households under the poverty threshold, which is defined as 60% of the national median equivalised disposable income after social transfers. The poverty threshold changes every year, as it is redefined, based on the yearly national median equivalised disposable income after social transfers.

Furthermore, the work of Guio et al. (2009) has been used as the baseline for calculating material deprivation shares. This indicator focuses on some key aspects of material living conditions and is defined as the proportion of people living in households lacking at least three of a list of nine basic items (Fusco et al. 2010; Guio et al., 2009). More specifically, the list refers to the ability of the household to afford at least three of the following items: to pay their rent, mortgage or utility bills; to keep their home adequately warm; to face unexpected expenses; to eat meat or proteins regularly; to go on holiday; a television set; a washing machine; a car; and a telephone. Material deprivation is anchored through time, as the list of the nine basic items does not change. For each individual *i=1,..,n*, we consider x_{ij} to be the (non-negative) level of deprivation, for which a weighted sum on items *j=1,..,m* is calculated, according to the following:

$$u_i = \sum_{j=1}^{m} w_j x_{ij}$$

where, $x_{ij}=1$ refers to an enforced lack of item j and $x_{ij}=0$ otherwise. At the same time, the weights w_j are equal for all items.

In order to more thoroughly investigate the impact of the economic crisis on the socio-economic conditions within Athens, we choose to use not only the 59 municipalities located within the metropolitan area of Athens, but also three discrete income groups of municipalities (high, middle and low), derived through a clustering method, based on mean equivalised income (Panori, 2017). Ward's hierarchical grouping technique was followed and the objective function that was chosen to be optimized was based on the minimum variance criterion (Ward, 1963). According to this criterion the objective function value that needs to be minimized is the sum of the squared deviations from the group mean (ESS) and it is given by equation (1):

$$ESS = \sum_{i=1}^{n} x_i^2 - \frac{1}{n}\left(\sum_{i=1}^{n} x_i\right)^2 \qquad (1)$$

where x_i is the score of i-th individual. In our case, this variable takes the values of mean equivalised income for each municipality in 2004.

As a next step to investigate of the impact of economic crisis on poverty and welfare conditions in Athens, a panel-based analysis for convergence between Athenian municipalities has also been performed. This second empirical part aims to reveal the existence of any possible convergence trends between the Athenian municipalities, in terms of income and material deprivation rates. The results of this analysis are important, as they try to reveal insights regarding the development process of income inequality and social conditions in Athens, during a long-lasting period of economic crisis.

We choose to follow the stochastic definition of convergence, stated by Bernard & Durlauf (1995), in order to investigate the existence of convergence patterns. According to this definition, the log GDP per capita of country i, $y_{i,t}$, and the log GDP per capita of country j, $y_{j,t}$, converge, if and only if, their difference $y_{i,t} - y_{j,t}$ is stationary with zero mean. Evans (1998) expands this definition by formulating a method that uses panel data to assess existing growth theories. Instead of examining whether the previous condition holds for each possible pair of countries separately, he points out that all members of the group converge pair-wise, if $y_{i,t} - y_{j,t}$ is stationary for each member i=1,2,...., N of the panel. In other words, Evans argues that the null of non-convergence can be interpreted as the unit root null in the panel unit root test (Pedroni & Yao, 2005).

In this paper we choose to follow the panel unit-root testing framework, instead of performing separate unit-root tests on individual time series. Within this framework, the model of Evans and Karras (1996) is illustrated by the following functional form (equation (2)):

$$\Delta(y_{i,t} - \bar{y}_t) = \mu_i + \beta_i(y_{i,t-1} - \bar{y}_{t-1}) + \sum_{k=1}^{K_i} \varphi_{i,k}\Delta(y_{i,t-k} - \bar{y}_{t-k}) + \varepsilon_{i,t} \quad (2)$$

for i= 1,2,....,N; t= 1,2,....,T.

When looking more carefully at the previous model, it becomes clear that it expresses an Augmented Dickey-Fuller (ADF) regression that is applied to the difference $y_{i,t} - \bar{y}_t$. In this case, coefficient βi is the most essential parameter that needs to be defined, in order to test for the presence or absence of convergence in the panel data. Rejection of the unit-root null hypothesis (H0: βi = 0 for all i) implies that there is at least a subset of panel members that converge with each other.

The panel unit-root test of Im, Pesaran and Shin (2003) (IPS) has been chosen for testing the previous hypothesis. The main advantage of this test, in contrast with earlier generation panel unit-root tests (Breitung & Meyer, 1994; Quah, 1994; Levin et al., 2002), is the fact that it allows the value for coefficient βi to vary across regions, indicating that convergence dynamics show diversified behavior in space. In the case of the IPS test, the main idea is to construct a t-bar statistic (based on averaging the individual augmented Dickey-Fuller unit root t-tests for each region: $\bar{t} = \frac{1}{N}\sum_{i=1}^{N} t_i$). It also requires using balanced panel datasets.

As this paper does not intend to explore any alternative methodological approach considering panel unit-root testing, we will not insist on an even more detailed presentation of the methodology. The empirical results, obtained through the implementation process, are detailed in the next section.

3. RESULTS

Some basic stylized facts regarding the overall metropolitan area of Athens, as well as the derived municipality clusters, are detailed in Table 1 below. We have chosen to present the results corresponding to the years 2004 and 2015, as these two years are indicative reference years, representing the pre- and post-crisis period respectively. As the table demonstrates, Group 1 refers to the most deprived areas of Athens, which are characterized by low-income levels. At the same time, Groups 2 and 3 consist of medium and high-income areas respectively. The last column of Table 1 presents the proportional differences in income between 2004 and 2015, indicating that during this period the high-income cluster was affected the most (-14.34%), followed by the low-income group of municipalities (-13.10%).

Table 1: Main characteristics of the three sub-groups

Group	No. of obs. (abs - %)	Pop. share 2004	Pop. share 2015	Mean income (€/capita) 2004	Mean income (€/capita) 2015	Diff.
Athens	59 (100%)	100%	100%	12,422	10,824	-12.86%
1	13 (22.03%)	21.0%	21.2%	11,357	9,869	-13.10%
2	24 (40.68%)	57.0%	55.8%	12,306	10,800	-12.24%
3	22 (37.29%)	22.0%	23.0%	13,735	11,765	-14.34%

Source: Authors' calculations.

Figure 3 presents the corresponding box-plots for the total number of municipalities for each year, helping us to understand the evolution of income, at-risk-of-poverty and material deprivation variables throughout the overall period under investigation. By looking at this graph, it becomes clear that the impact of the economic crisis and the fiscal reforms, started to become evident after 2009, when a sharp decrease of mean income is recorded and, at the same time, there is a sudden rise in poverty and material deprivation shares. Moreover, 2012 constitutes a turning point after which there seems to be a slight rise in the mean income levels that continues up until 2015. Nonetheless, income levels continue to be lower than 2004, whereas at-risk-of-poverty rates have declined to very low levels, when compared to 2004. Material deprivation values are still very high and there is no evidence of any gradual decline.

Figure 3: Box-plots for municipal mean equivalised income, at-risk-of-poverty shares, and the evolutions of material deprivation between 2004 and 2015

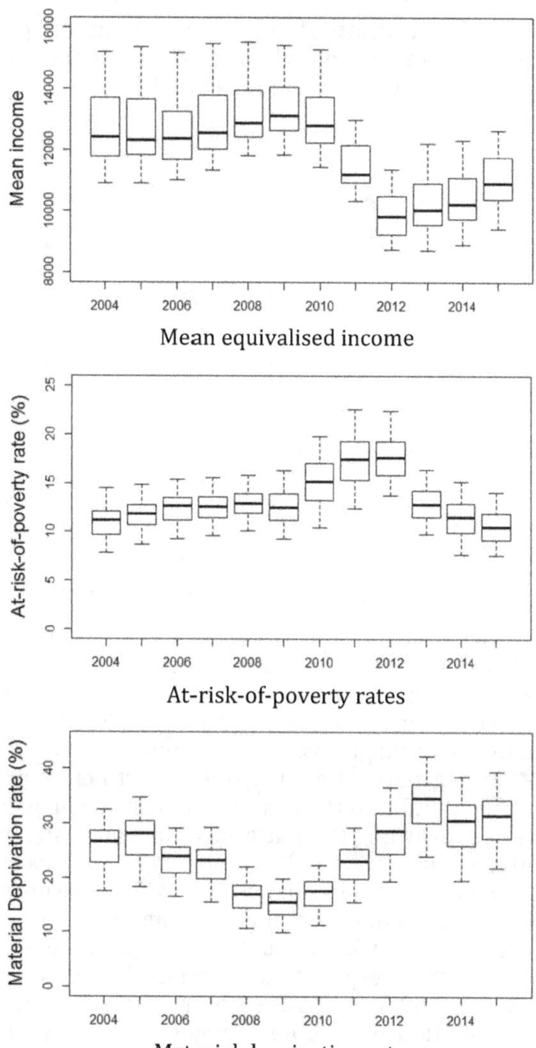

Source: Authors' calculations.

We chose to investigate whether there is any behavioral deviation between the derived clusters of municipalities, low, medium and high income, to further explore these findings. Starting from the spatial distribution of the clusters which is depicted in Figure 4 will help us to better understand whether they are spatially concentrated within the metropolitan area of Athens, or not. By looking at the map, it becomes clear that there is a discrete spatial zone at the north-west area of Athens incorporating low income areas (blue color). At the same time, high-income municipalities are located in the north and southeastern parts of Athens (red color), whilst areas corresponding to medium income municipalities are largely located in the urban core of Athens (green color). Given these findings, it becomes evident that social segregation patterns existed within the metropolitan area of Athens before the 2008 economic crisis. These patterns illustrate interesting levels of spatial dependence, especially in the case of low-income areas.

Figure 4: Spatial distribution of the three main municipality clusters of the metropolitan area of Athens based on mean equivalised income values of 2011

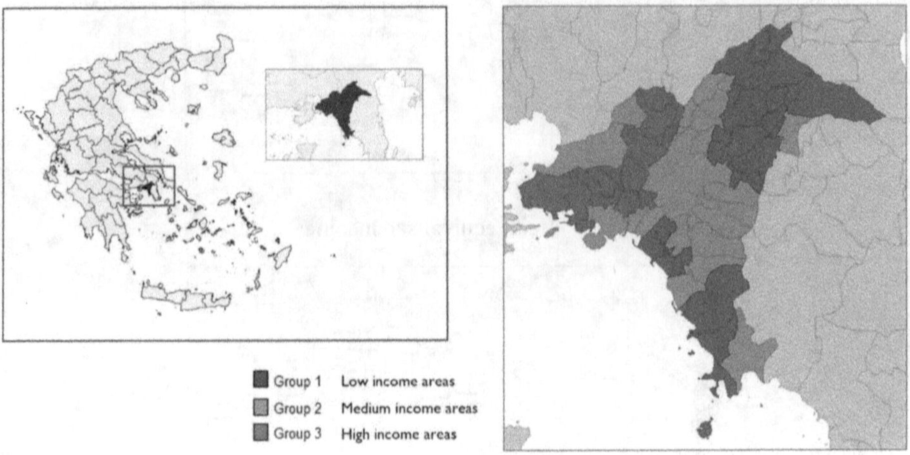

Source: Panori et al. (2017), Panori (2017) and authors' calculations.

Moving on, by looking at the Kernel diagrams for income distribution corresponding to each cluster (Fig.5), a first insight regarding the nature of income inequality within the three clusters can be gained. We choose to include the Kernel diagrams for the two extremes of income distribution: 2009 and 2012 to avoid the need for a large number of diagrams. The diagrams illustrate the distribution of income within the three groups of municipalities, just before and during the economic crisis period. In addition to the significant decrease in overall income levels, intriguing results arise regarding the patterns of income distributions. In the case of Group 2, the pattern of income distribution in 2012 remains similar to the 2009 pattern, illustrating a two-peak curve in both cases. This means that two groups of high-income areas exist: high and very high income. However, the same fact does not apply in the case of Group 2. Medium income areas seem to preserve their distribution pattern, which is very close to a normal distribution. Finally, an essential difference between 2009 and 2012 is observed for Group 1. The initial, very close to normal, distribution of income changes completely in 2012, when two distinct groups of low-income areas arise: low and very low-income municipalities.

These findings indicate that one crucial implication of the economic crisis period is the extended distortive effect on income distribution in the case of low-income areas. Instead of gradually moving from medium income areas to low and then very low-income municipalities, there seems to be a radical shift from low to very low incomes. However, the fact that the range of the distribution for Group 1 largely declines in 2012, shows that there has been a decrease in income inequality between disadvantaged areas. The same observation also applies in the case of high-income areas (Group 3).

Regarding the measurement of income inequality within the Athens metropolitan area, the Theil index of inequality is used, given its higher sensitivity to the upper tail of the income distribution (Allison, 1978; Atkinson & Bourguignon, 2014), which experiences significant shifts during this period. Figure 6 represents the evolution of the Theil index: (a) calculated for the total number of municipalities within the metropolitan area of Athens, and (b) calculated for each cluster group separately. In the first case, the Theil index expresses the evolution of income inequality between Athenian municipalities, whereas in the latter one, the calculated values of the the Theil index illustrate the evolution of income inequality between municipalities belonging to each group separately.

Figure 5: Kernel diagrams of mean income distribution within the three municipal clusters for the years 2009 and 2012

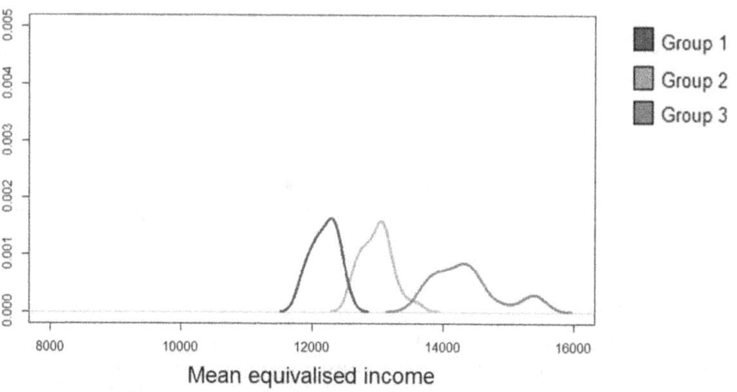

2009

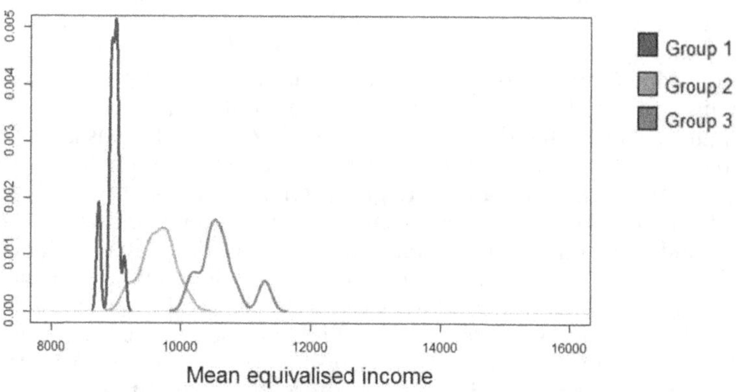

2012

Source: Authors' calculations.

Figure 6 shows that during the period 2004-2011, a gradual decrease of income inequality was recorded, followed by a sharp increase in the period 2011-2013. When looking at the three different municipality clusters, Group 3 follows a similar pattern, whilst curves for Groups 1 and 2 vary. It is interesting to note that Group 3 is characterized by higher values of income inequality during the whole period under investigation, following the curve pattern of the overall metropolitan area of Athens. On the other hand, Groups 1 and 2 are characterized by much lower values of the Theil index, which do not change radically over time, but still demonstrate a slightly upward trend after 2009.

Figure 6: Evolution of the Theil index calculated for the total number of municipalities within the metropolitan area of Athens and for each cluster group separately

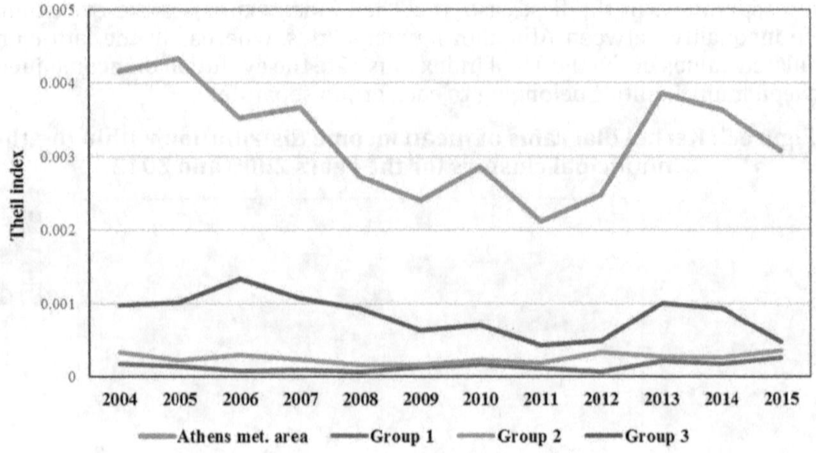

Source: Authors' calculations.

In terms of social inclusion, interesting findings arise when looking at the evolution of at-risk-of-poverty rates and material deprivation for each cluster group separately, throughout the period 2004-2015. Already having gained some initial insights regarding the overall evolution of these social inclusion measures (Fig. 3), Figure 7 indicates that all three groups of municipalities follow the same pattern with the overall metropolitan area of Athens. In the case of at-risk-of-poverty rates, the period between 2004 and 2009 is characterized by a stability in poverty rates, whilst a sharp increase is recorded in the following 3 years (2009-2012). Finally, Figure 7 shows that during the period 2012-2015, there is a gradual decline in the poverty rates, in all sub-groups of municipalities. Nonetheless, a diversified pattern exists in the case of material deprivation. In this case, the gradual decrease of material deprivation values between 2004 and 2009 is followed by an intense rise in this indicator until 2013, when there seems to be a relative stabilization of its values until 2015, when a slight decrease occurs. It should also be noted that patterns in this case do not differ between different cluster groups of municipalities.

At this point, it is interesting to highlight possible explanations for the existing differing patterns between at-risk-of-poverty and material deprivation. The most important of them consists of the different nature of these two measures. At-risk-of-poverty rates have been calculated using different poverty thresholds for each year, whereas material deprivation constitutes an anchored measure for social inclusion, whose cut-offs do not change over time. This is a critical difference between these two indicators, since in the first case we reap evidence regarding the relevant evolution of poverty, emphasizing mostly each year separately, whilst the latter case illustrates a more conspicuous picture regarding the evolution of poverty levels throughout time.

Regarding the existence of convergence in terms of income and social inclusion indicators between the 59 Athenian municipalities, we investigated the period 2004-2015. Results regarding the IPS panel unit-root tests in terms of mean equivalised income, at-risk-of-poverty rates and material deprivation are presented in Table 2 and give us a rich set of information.

Figure 7: Evolution of at-risk-of-poverty rates and material deprivation calculated for the total number of municipalities within the metropolitan area of Athens and for each cluster group separately

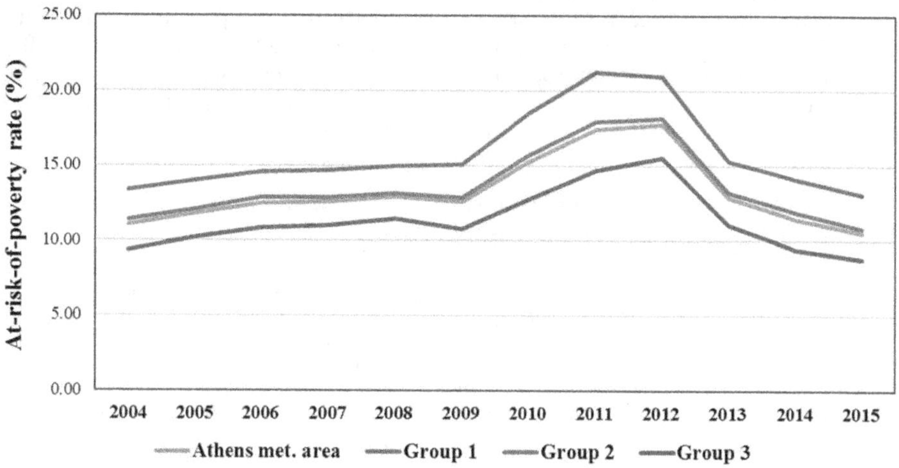

At-risk-of-poverty rates

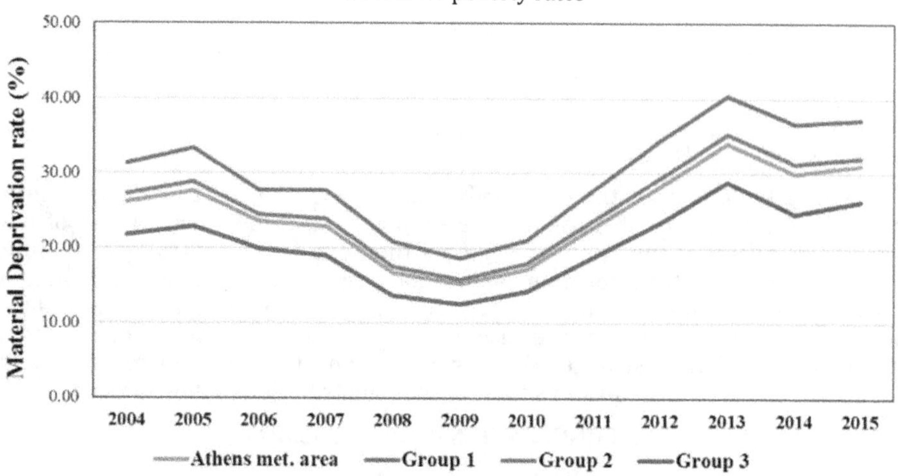

Material deprivation rates

Source: Authors' calculations.

When looking at the results referring to the overall metropolitan area of Athens, it becomes evident that throughout the whole period under investigation there is a convergence trend between the municipalities, not only in terms of income, but also for all the other social inclusion indicators, at-risk-of-poverty rates and material deprivation. At the same time, insights within each cluster group separately also provide useful information. The null hypothesis is rejected for income and poverty rates in the case of low-income areas, pointing to an inter-municipality convergence trend. However, this is not so for material deprivation. At the same time, medium-income areas indicate convergence during this period only in terms of mean equivalised income, whilst the null hypothesis for the panel unit root test is not rejected in the social inclusion indicator case. For Groups 3, encompassing the high-income areas of Athens, we can see that there is a full convergence trend for all indicators.

It is interesting to note that income convergence is achieved in all cases investigated. Within all groups, distribution of income becomes more concentrated around specific values, a fact which was also illustrated as a preliminary insight in Figure 5, where the span of the Kernel diagrams declined between 2009 and 2012. However, this is not so when applying the analysis in separate clusters and using social inclusion indicators, such as material deprivation. The group of municipalities belonging to the higher-income cluster is the only one that indicates a convergent trend in all cases.

Table 2: IPS panel unit-root tests for mean equivalised income at a municipal level

		Mean income	At-risk-of-poverty rate	Material deprivation
Athens met. Area	Panel IPS-tbar	-5.641	-2.750	-5.708
	p-value	(0.000)	(0.003)	(0.000)
Group 1 Low-income areas	Panel IPS-tbar	-3.547	-2.150	-1.392
	p-value	(0.000)	(0.016)	(0.082)
Group 2 Medium-income areas	Panel IPS-tbar	-5.652	-1.375	-1.375
	p-value	(0.000)	(0.085)	(0.085)
Group 3 High-income areas	Panel IPS-tbar	-3.287	-3.395	-2.091
	p-value	(0.001)	(0.000)	(0.018)

Source: Authors' calculations.

Overall, by looking at the empirical results, we can say that within the metropolitan area of Athens there is an inter-municipality convergence trend of both economic and social conditions throughout the period under investigation (2004-2015). As expected, the inter-municipality convergence phenomenon is stronger in terms of social inclusion indicators between high- and low-income municipalities, which cover the two tails of the income distribution. Low- and medium-income municipalities show a stronger convergence trend in terms of income, signaling that there has been a significant shift in income distribution in these areas.

4. CONCLUSIONS AND DISCUSSION

The present analysis highlights some essential insights regarding the evolution of some basic socio-economic variables during a period of economic crisis which has also been characterized by the implementation of severe fiscal reforms and austerity policies. A key part of the analysis was to consider parameters that embody aspects of the economic, as well as the social development of the regions and investigate these throughout pre- and post-crisis periods. By choosing income, at-risk-of-poverty and material deprivation rates as the main socio-economic indicators and illustrating their evolution over time, clear evidence has been found regarding the effect of the 2008 economic crisis and its derivatives on these parameters has.

According to the findings, the Athens metropolitan area seems to have experienced a severe deterioration in terms of income conditions. However, despite the sharp decrease in income between 2010 and 2012, a slight recovery after 2012 seems to be taking place. When exploring inter-municipality income distribution in more detail, we can see that there is a diversified pattern between low, medium and high-income areas. Income segregation in rich areas remains unchanged before and after the start of the economic crisis, whereas the normal distribution of income in disadvantaged areas seems to be highly distorted after 2009. The medium income group of municipalities is not affected by the economic crisis effect. In terms of income inequality, its gradually decreasing trend is reversed after 2011, leading to higher levels of income disparities between municipalities in Athens.

At the same time, at-risk-of-poverty rates illustrate an upward movement, which sharpens especially after 2009. However, during the period 2013-2015 there seems to be an essential decrease in the values of this measure. This in fact is an interesting finding, as it shows the rationale behind the structure of non-anchored at-risk-of-poverty shares. More specifically, the overall decline in income levels, observed after 2010, started to affect a broader range of the population after 2012, leading to lower levels of at-risk-of-poverty thresholds. Thus, due to the fact of having lower poverty thresholds, a smaller percentage of the population is poor, and as a result at-risk-of-poverty rates indicate decreasing values after 2013. On the other hand, material deprivation, being an absolute measure of poverty, shows a different behavior. More specifically, although the percentage of materially deprived people seems to shrink during the first half of the time span, its values start to increase significantly after 2009, reaching a peak in 2013. This peak continues to exist until 2015. The same pattern is also recorded for all the three clusters derived within the metropolitan area of Athens, with low income areas illustrating the highest levels of material deprivation, which was of course to be expected.

This study also tests for the presence of inter-municipality convergence trends, within the urban area of Athens. The results indicate that there is a general convergence trend in all three socio-economic indicators throughout the period 2004-2015 for the metropolitan area of Athens. However, when we cluster municipalities into three groups, the evidence shows that convergence mostly appears in low- and high-income areas. Moreover, the null hypothesis of the unit-root testing is more firmly rejected in the case of these groups of municipalities, meaning that there is stronger evidence supporting inter-municipality convergence in these cases.

The previous results indicate that during the 2004-2015 period, economic and social conditions in Athens worsened. This deterioration is a result of the still ongoing severe economic crisis on the one hand, in combination with the implementation of severe fiscal reforms and austerity policies during the last years in Greece.

REFERENCES

Acemoglu, D. (2011). Thoughts on inequality and the financial crisis. AEA meeting, Denver.

Allison, P. D. (1978). Measures of inequality. *American sociological review*, 865-880.

Andriopoulou, E., Karakitsios, A., & Tsakloglou, P. (2018). Inequality and poverty in Greece: Changes in times of crisis. In Katsikas, D., Sotiropoulos, D., Zafiropoulou, M. (eds.), *Socioeconomic Fragmentation and Exclusion in Greece under the Crisis* (pp. 23-54). Palgrave Macmillan.

Atkinson, A. B., & Bourguignon, F. (Eds.). (2014). *Handbook of income distribution* (Vol. 2). Elsevier.

Atkinson, A. B., & Morelli, S. (2011). Economic crises and Inequality. UNDP-HDRO Occasional Papers, (2011/6).

Atkinson, A. B., Piketty, T., & Saez, E. (2009). Top incomes in the long run of history (No. w15408). National Bureau of Economic Research.

Ball, L. M., Furceri, D., Leigh, D., & Loungani, P. (2013). The distributional effects of fiscal austerity. United Nations, Department of Economic and Social Affairs.

Bernard, A. B., & Durlauf, S. N. (1995). Convergence in international output. *Journal of Applied Econometrics*, 10(2), 97-108.

Berry, C. R., & Glaeser, E. L. (2005). The divergence of human capital levels across cities. *Papers in Regional Science*, 84(3), 407-444.

Boterman, W. R., Manting, D., & Musterd, S. (2018). Understanding the social geographies of urban regions through the socio-economic and cultural dimension of class. *Population, Space and Place*, 24(5).

Breitung, J., & Meyer, W. (1994). Testing for unit roots in panel data: are wages on different bargaining levels cointegrated? *Applied Economics*, 26(4), 353-361.

Callan, T., Leventi, C., Levy, H., Matsaganis, M., Paulus, A., & Sutherland, H. (2011). The distributional effects of austerity measures: a comparison of six EU countries (No. EM6/11). EUROMOD Working Paper.

Callan, T., Nolan, B., Keane, C., Savage, M., & Walsh, J. R. (2014). Crisis, response and distributional impact: The case of Ireland. *IZA Journal of European Labor Studies*, 3(1), 9.

Crankshaw, O. (2017). Social polarization in global cities: measuring changes in earnings and occupational inequality. *Regional Studies*, 51(11), 1612-1621.

Donald, B., Glasmeier, A., Gray, M., & Lobao, L. (2014). Austerity in the city: economic crisis and urban service decline? *Cambridge Journal of Regions, Economy and Society*, 7(1), 3-15.

Evans, P. (1998). Using Panel Data to Evaluate Growth Theories. *International Economic Review*, 39(2), 295–306.

Evans, P. & Karras G. (1996). Convergence Revisited. *Journal of Monetary Economics*, 37(2), 249-265.

Florida, R. & Mellander, C. (2016). The Geography of Inequality: Difference and Determinants of Wage and Income Inequality across US Metros, *Regional Studies*, 50:1, 79-92.

Fusco, A., Guio, A.-C. & Marlier, E. (2010). Characterising the income poor and the materially deprived in European countries. In Atkinson A.B. and Marlier E., *Income and living conditions in Europe*, Eurostat, 133-154.

Glaeser, E. L., Resseger, M., & Tobio, K. (2009). Inequality in cities. *Journal of Regional Science*, 49(4), 617-646.

Guio, A.-C., Fusco, A. & Marlier, E. (2009). A European Union approach to material deprivation using EU-SILC and Eurobarometer data. *Integrated Research Infrastructure in the Socio-economic Sciences (IRISS) Working Paper Series*, 19.

Hadjimichalis, C. (2011). Uneven geographical development and socio-spatial justice and solidarity: European regions after the 2009 financial crisis. *European Urban and Regional Studies*, 18(3), 254–274.

Hamnett, C. (1994). Social polarisation in global cities: Theory and evidence. *Urban Studies*, 31. 3, 401-424.

Hamnett, C. (1996). Social polarisation, economic restructuring and welfare state regimes. *Urban Studies*, 33. 8, 1407-1430.

Hamnett, C. (2002). Social polarization in London: The income evidence, 1979-93. In Cross, M. and Moore, R. (ed.) *Globalization and the new city*. Palgrave McMillian, Houndmills.

Hulchanski, D. (2010). The three cities within Toronto: Income polarization among Toronto's neighborhoods, 1970-2005. Cities Centre, University of Toronto, Ontario.

Ifanti, A. A., Argyriou, A. A., Kalofonou, F. H., & Kalofonos, H. P. (2013). Financial crisis and austerity measures in Greece: their impact on health promotion policies and public health care. *Health Policy*, 113(1), 8-12.

Im, K. S., Pesaran, M. H., & Shin, Y. (2003). Testing for unit roots in heterogeneous panels. *Journal of Econometrics*, 115(1), 53-74.

Jenkins, S.P., Brandolini, A., Micklewright, J. & Nolan, B. (2013), *The Great Recession and the Distribution of Household Income*, Oxford University Press, Oxford.

Kaplanoglou, G., & Rapanos, V. T. (2018). Evolutions in consumption inequality and poverty in Greece: The impact of the crisis and austerity policies. *Review of Income and Wealth*, 64(1).

Katsimi M., Moutis T., Pagoulatos G., & Sotiropoulos, D. (2015). GINI Country Report: Growing Inequalities and their Impacts in Greece, GINI Country Reports Greece, AIAS, Amsterdam Institute for Advanced Labour Studies.

Kneebone, E., Nadeau, C., & Berube, A. (2011). The re-emergence of concentrated poverty. The Brookings Institution Metropolitan Opportunity Series.

Larrimore J, Burkhauser RV, & Armour P. (2013). Accounting for Income Changes over the Great Recession (2007-2010) Relative to Previous Recessions: The Importance of Taxes and Transfers. *NBER Working Paper* No. 19699.

Leventi, C., & Matsaganis, M. (2016). Estimating the distributional impact of the Greek crisis (2009-2014). *OECD Working Papers,* No. 1312.

Leventi, C., Levy, H., Matsaganis, M., Paulus, A., & Sutherland, H. (2010). Modelling the distributional effects of austerity measures: the challenges of a comparative perspective. European Commission, Directorate-General for Employment, Social Affairs and Equal Opportunities, Brussels, Belgium.

Levin, A., Lin, C. F., & Chu, C. S. J. (2002). Unit root tests in panel data: asymptotic and finite-sample properties. *Journal of Econometrics*, 108(1), 1-24.

Maloutas, T. (2007). Segregation, social polarization and immigration in Athens during the 1990s: theoretical expectations and contextual difference. *International Journal of Urban and Regional Research*, 31(4), 733-758.

Matsaganis M. (2013). *The Greek crisis: social impact and policy responses*, Berlin, Friedrich Ebert Stiftung.

Matsaganis, M. & Leventi, C. (2014). Poverty and Inequality during the Great Recession in Greece. *Political Studies Review*, 12, 209-223.

Matsaganis, M., & Leventi, C. (2013). The distributional impact of the Greek crisis in 2010. *Fiscal Studies*, 34(1), 83-108.

Matsaganis, M., & Leventi, C. (2011). Inequality, poverty and the crisis in Greece. ETUI Policy Brief, *European Economic and Employment Policy*, 5.

Meegan, R., Kennett, P., Jones, G., & Croft, J. (2014). Global economic crisis, austerity and neoliberal urban governance in England. *Cambridge Journal of Regions, Economy and Society*, 7(1), 137-153.

Mitrakos. (2014), Inequality, proverty and social welfare in Greece: Distributional effects of austerity, Bank of Greece, Athens, Discussion paper 174.

Monastiriotis V. (2011). Making geographical sense of the Greek austerity measures: compositional effects and long-run implications, *Cambridge Journal of Regions, Economy and Society*, 4(3): 323-337.

OECD (2013). *OECD Framework for Statistics on the Distribution of Household Income, Consumption and Wealth*, OECD Publishing.

OECD (2011), *Divided We Stand: Why Inequality Keeps Rising*, OECD Publishing.

Panori, A. (2017). A tale of hidden cities. *Region*, 4(3), 19-38.

Panori, A., Ballas, D., & Psycharis, Y. (2017). SimAthens: A spatial microsimulation approach to the estimation and analysis of small area income distributions and poverty rates in the city of Athens, Greece. *Computers, Environment and Urban Systems*. 63, 15-25.

Panori, A., Ballas, D., & Psycharis, Y. (2018). Spatial segregation and migration in the city of Athens: Investigating the evolution of urban socio-spatial immigrant structures. *Population, Space and Place*. https://onlinelibrary.wiley.com/doi/full/10.1002/psp.2209

Panori, A., & Psycharis, Y. (2017). Exploring the Links Between Education and Income Inequality at the Municipal Level in Greece. *Applied Spatial Analysis and Policy*, 1-26.

Pedroni, P., & Yao, J. Y. (2006). Regional income divergence in China. *Journal of Asian Economics*, 17(2), 294-315.

Psycharis, Y., & Pantazis, P. (2016). The geography of declared income in Greece before and during the economic crisis. *Regions Magazine*, 303(1), 4–7.

Psycharis, Y., Rovolis, A., Tselios, V., & Pantazis, P. (2014). Economic crisis and regional development in Greece. *Region et Developpement*, 39, 67-85.

Quah, D. (1994). Exploiting cross-section variation for unit root inference in dynamic data. *Economics letters*, 44(1), 9-19.

Sassen, S. (2001). *The global city: New York, London, Tokyo*, Princeton University Press, Princeton, NJ.

Schneider, M. P., Kinsella, S., & Godin, A. (2016). Changes in the profile of inequality across Europe since 2005: austerity and redistribution. *European Journal of Economics and Economic Policies: Intervention*, 13(3), 354-374.

UN Department of Economic and Social Affairs (2011). *The Report on the World Social Situation 2011: The Global Social Crisis*. New York, UN Department of Economic and Social Affairs, (UN-DESA).

UN Entity for Gender Equality and the Empowerment of Women (2014). The Global Economic Crisis and Gender Equality. New York,UN Entity for Gender Equality and the Empowerment of Women (UN Women).

Ward, J. H. (1963). Hierarchical Grouping to Optimize an Objective Function. *Journal of the American Statistical Association*, 58(301), 236–244.

Zwiers, M. D., Kleinhans, R. J., & Van Ham, M. (2015). Divided Cities: Increasing Socio-Spatial Polarization within Large Cities in the Netherlands. IZA Discussion Paper 8882.

L'impact de la crise économique sur la richesse et la pauvreté à Athènes

Résumé - Cet article propose d'étudier l'impact de la crise économique de 2008 et des mesures d'austérité engagées par le Gouvernement grec sur les revenus et la pauvreté des habitants, et selon les 59 municipalités de résidence de l'aire urbaine d'Athènes. Ce travail mobilise une base de données originale sur les plans économique, démographique et social pour les municipalités d'Athènes entre 2004 et 2015. Les résultats montrent que la crise économique a eu un impact négatif sur les revenus et la pauvreté des habitants mais qu'elle a également conduit à un creusement des inégalités entre les municipalités. La crise a augmenté la vulnérabilité des habitants dans les municipalités économiquement les plus fragiles mais n'a pas fondamentalement modifié leur hiérarchie, classées selon la richesse de leurs résidents, ce qui signifie que la ségrégation sociale et la polarisation spatiale sont des phénomènes persistants dans le temps au sein de l'aire urbaine d'Athènes.

Mots-Clés

Crise économique
Pauvreté
Disparités de revenu
Analyse urbaine
Athènes

Région et Développement

n° 48-2018

www.regionetdeveloppement.org

Train station planning and house prices interaction in Athens via hedonic modeling and spatial analysis

Polyzois KANELLEAS *

Charalambos KYRIAKIDIS **

Filippos ILIADIS ***

Anastasia TSOLAKI ****

Abstract - This paper explores a framework that combines Spatial Analysis with the Hedonic Modelling method identifying a possible spatial correlation between house prices and railway station areas. Several studies, regarding European and American cities, showed that properties near the railway stations tend to have higher prices than the properties which are more distant from them. To address this issue regarding Greece, this study focuses on the Athens Central Station (Stathmos Larissis). The study area was defined through a buffer zone of approximately 700 meters around Athens Central Station. Data, was mainly originated from different property sales websites in order to take into account the market prices today. Results were formed via a semi-log model and through the Ordinary Least Squares (OLS) method and Multi-Regression Analysis (MRA). The model results showed that properties near railway infrastructure and especially near the train station, tend to have lower prices than the ones that were distant. Thus, several actions can be proposed for the existing railway infrastructure and the neighboring areas in order to be upgraded and further developed.

JEL Classification

N33, N93, O18

Key-words

Hedonic modelling
Train Station
Athens
Multi-Regression Analysis
Residential prices

* Rural & Surveying Engineer, M.A. - GAIAOSE S.A. ; akkanellea@gaiaose.gr

** Spatial & Urban planner, M.Sc., Ph.D. candidate – N.T.U.A. ; kyriakidisharry@gmail.com

*** Spatial & Urban planner, M.Sc. - GAIAOSE S.A. ; filiadis@gaiaose.gr

**** Bioclimatic Architect, M.Sc., Ph.D. candidate - GAIAOSE S.A. ; atsolaki@gaiaose.gr

INTRODUCTION

Property market theories are based on the work of Weber, Lösh and Von Thünen, who mentioned that land values may differ due to their location and the accessibility to the market place (Debrezion et al., 2006 ; Kyriakidis, 2009). Thus, accessibility to the Central Business District (CBD) is considered an attractive characteristic that increases land values. However, the implementation of public transport nodes tends to reduce the significance of this parameter considerably by attracting companies and households to settle in a proximity to the stations (Debrezion et al., 2006). This trend creates high demand thus the value of the properties tends to be higher.

Economists and planners generally accept that property values tend to increase in the proximity of the public transport stations because the access to activity locations is improved (Welch and Gehrke, 2016). However, the literature regarding the effects of railway stations on land values is quite ambiguous in this respect (Diaz, 1999 ; Debrezion et al., 2007).

Given the positive aspect of the correlation between train infrastructure and property values, there is a lot of research supporting the hypothesis presented above. Hess and Almeida (2007), who have studied property market in Buffalo (NY), suggest that the average value of housing units located close to a rail station was increased compared to those away from the line. In another study (Debrezion et al., 2007) it was hypothesized that there is a strong positive relation between property value and distance from railway stations. Specifically, researchers showed that proximity to commuter railway stations would have higher positive impact on land values compared to light and heavy railway. Cervo's study (1996 cited in Diaz, 1999) shows similar outcomes between property values and distance from rail stations in San Francisco Bay Area. According to this study, rental houses in a close proximity to the Bay Area Rapid Transit (BART) system were found to have higher rents compared with those away from the line. The correlation was more obvious in bigger housing units than in smaller.

On the other hand, the negative aspects (noise, traffic, safety, or aesthetics) of the train station that affects property values, are supported from the trend that proximity to train infrastructure has a negative or zero/no impact on land values.

Ma et al. (2013) suggests that train stations have a negative effect in high-income neighborhoods. Furthermore, Bohman and Nilsson (2016), who have conducted a study in Scania Region in Sweden, underline that proximity to a rail station affects more the low-income neighborhoods and less the high-income ones. Diaz (1999) refers to a study conducted in an area of DeKalb County in Atlanta has found varying effects of proximity to rail station. According to this finding, proximity to train station increases property values in high priced neighborhoods. The same variation was found in Gatzlaff and Smith's previous study for Miami Metrorail (1993). Finaly, Zhong and Li's research (2016) suggest that proximity to a rail station does not positively impact single-family property prices, although it is believed that it is quite important. All these studies underline that the impact of a rail station to the property market is quite varied across neighborhood types.

To conclude, there is no widely accepted agreement on how the proximity to a rail station influences property market. Most of the studies suggest that there is not a fixed practice as far as, the impact of a rail station to the property market is concerned. Thus, each area is a unique case which should be studied properly and separately.

To shed light on these topics, a hedonic model is applied because it provides an ideal tool for good understanding of the correlation studied in this case-study of Larissis Station. The hedonic pricing model is a regression technique that is widely used in the real estate market for property prices evaluation. It is a framework that considers property prices as a direct dependent from the utilities that each residential unit can provide to its owner and is based on the principle of "supply and demand" (Stamou, 2016). Property prices can be affected by various parameters (Lambropoulos, 2013). In this study, variables were selected and aggregated into their structural (e.g. property age, floor, number of bedrooms) and locational (e.g. proximity to green spaces, schools, roads) characteristics (Basu et al., 1998).

1. STUDY AREA

The case-study area is located inside the administrative boundaries of the Municipality of Athens. It is regarded as a central area within the city and is mainly populated today by low-income groups (Athens Social Atlas, 2016).

The attractiveness of the area is largely due to its advantage in terms of transport services (many bus and trolleybus lines as well as 3 nearby metro stations, Attica, Larissis and Victoria) and its proximity to downtown Athens.

In the area, the predominant use is mainly residential, with some commercial uses usually in the ground floor. Increased concentration of commercial uses is located at the main axis of Ioulianou, which is a street with a strong multifunctionality character.

The area is characterized by the old building stock and the dense construction, because of the intensive reconstruction of the 1950s and 1970s. Especially during the 1980s, many residents and mainly landowners moved gradually to other less densely populated residential areas and this was a consequence of urban degradation factors. The gaps that were left behind by the residents who left mainly to the new Suburbs of Athens, initially were covered by low income inland immigrants who benefited from low land values. The decline in values began in the 1980s mainly because of the degraded housing conditions, the degraded welfare and education facilities for families, the aging and the abandonment of the built and natural environment combined with the lack of free space. The change in social composition took on other characteristics in the 1990s, when the low economic people of domestic economic migrants gradually replaced economic migrants from other countries. "The escape to the suburbs" was the process that, as shown in the table below, was stabilized since the 1990s, but in some areas of the center there is a version of the "white escape" phenomenon with variations in relation to the way in which the corresponding phenomenon occurred in the United States or the United Kingdom (Maloutas, 2012).This was especially the case during 1990's where the upper and middle class citizens left this area to settle at the suburbs (Kandylis, 2012).

The existence of spatial networks such as the railway stations affects the city, whose structure, way of expansion and appearance change in many ways. The key points of this spatial networks (such as train stations and multi-media interconnection stations) are also key points of the city itself and consequently -they gather a large part of the city's population by changing also its urban structure. Rail stations are paradigmatic spaces where high volumes of passengers, services and new activities are concentrated, thus being able to reshape the social and ethnic compositions of the neighborhood (Maffeo, 2011). This has been generating huge physical, functional and social conflicts whose effects spread out of the space strictly dedicated to railway mobility, by involving not only the surroundings but also a wider urban area (Conticelli et al., 1998).

The station node in view of its central position, in the heart of the served urban systems, represents a key point in which conflicts between city and infrastructure seem to be concentrated with intensity. Main needs, that are expressed by the city and its inhabitants such as moving, meeting, living in a livable and inclusive space are taking place around the main railway stations and find their synthesis in the stations. On the other hand, the degradation of a space on the train network and especially the central station, may lead to the marginalization of the area around. Lack of direct and easy access to an area makes this last one automatically less reachable, whether it's in the suburbs or not (Beriatos, 2005). The rail station in the history used to be the fulcrum of the urban life and was defined by great vitality, around which important part of the city was structured. On one hand, this new urban structure required a direct connection with the city center, determining a quick filling process of the urban voids between these two centralities. On the other hand, the station as a physical barrier was the fracture in the urban structure and the functional relationships inside the city were interrupted between the one part of the urban space, usually the old city, to the other which usually were the more recent urban expansions that developed behind the station (Conticelli et al., 1998).

The central railway station of Larissis is forming a linear axis that cuts in two parts the urban space right from the beginning of its construction. In addition, this axis marks the districts born on both sides, to the east and west, with inherent social characteristics. The residential area of Larissis station, although is mainly extended to the eastern side of the lines, is marginally located on the "island - dam", created by the two stations (Larissis and Peloponnese) and is burdened by the existence and operation of the Larissis Station, as well as from the installation of uses related to Its operational needs.

2. METHODOLOGY

This study focuses on the surrounding area of Athens Central Train Station. Data were selected within a buffer zone of approximately 700 meters that can cinstitute a local range of influence (Zhuang et al., 2014). In order for the effect of the train station to residential prices to be evaluated several parameters should be taken into consideration. Specifically, the Hedonic Multi-Regression Analysis (MRA) model can be described in the formula below. Various linear models have been tested and the semi-log model (Chiarazzoa et al., 2014 & Bohman et al., 2016) was selected as it provided more robust results.

$$\ln(Y) = b0 + \sum_{i=1}^{n} bi\, xi + \varepsilon i$$

with Ln(Y): natural logarithm of the dependent variable, *b*0: constant, *bi*: slope coefficient, *xi*: independent variable, *εi*: error term.

A sample of 90 data records was collected from Greek property sale websites. All the advertisements were posted in 2017 thus the sale prices refer to the same economic period. The price variable used in the model was based on the asking price. It should be mentioned that a 30% of the asking price and 70% of the transaction value can be a satisfactory estimate of the final resident value (Yiorkas, 2017), but the website sampling approach could be also considered sufficient (Stamou, 2016). Analysis was performed via the Ordinary Least Squares (OLS) technique and via the QGIS 2.18 and GRETL software packages. The variables along with their characteristics are further described in Table 1.

3. RESULTS AND MODEL EVALUATION

The model was produced through the backward selection process (James et al., 2015). The variables that were assigned a p-value greater than 0.05 (confidence interval), were excluded although some (Train_station, Metro_Hsap, Bedrooms) of them were empirically used as they could improve the accuracy of the model. This was the point where Adjusted R – factor was minimizing. Furthermore, their p-values were relatively low. One sample value obtained, was omitted as it was considered outlier. The selected variables with their OLS statistical characteristics are further described in table 3.

Table 1: Variable characteristics

	Index	Variables	Unit	Description
Structural	V1	Price (Dependent variable)	Euros (€)	Price of residence
	V2	Area	Square meters (m^2)	Total area of residence
	V3	Floor	Integer	Floor (level) of residence
	V4	Construction	Year (Integer)	Construction year
	V5	Bedrooms	Integer	Bedroom number of residence
	V6	Dual-aspect	Dummy (Yes, No)	Dual-aspect characteristics of residence
Locational	V7	Metro_Hsap_station	Meters (m)	Distance from nearest Metro & Hsap station
	V8	Train_station	Meters (m)	Distance from Cental train station
	V9	Green_public_spaces	Meters (m)	Distance from nearest Green space areas and squares
	V10	Major_roads	Meters (m)	Distance from nearest roads that are of significance in the transportation network
	V11	Education_culture	Meters (m)	Distance from nearest universities & museums
	V12	CBD	Meters (m)	Distance from Central Business District
	V13	Bus_stop	Meters (m)	Distance from nearest bus stops
	V14	Schools	Meters (m)	Distance from nearest primary and secondary schools

Table 2: Variable summary statistics

	Mean	Median	S.D.	Min	Max
Price	52556	45000	31178	8000	1.450e+005
Area	68.88	67.00	30.27	25.00	280.0
Floor	2.400	2.000	1.505	0.000	6.000
Construction	1980	1972	15.83	1955	2014
Bedrooms	1.611	2.000	0.6482	1.000	3.000
Dualaspect	1.389	1.000	0.4902	1.000	2.000
Metro_Hsap_stati~	393.9	400.3	142.6	63.75	795.7
Train_station	540.5	506.4	239.7	102.5	1239
Green_public_spa~	202.1	188.5	101.5	8.094	644.3
Major_roads	460.4	459.9	246.2	41.29	1047
Education_culture	1085	1175	382.8	362.7	1725
CBD	1721	1749	426.7	699.9	2543
Bus_stop	93.73	83.96	55.12	5.469	224.7
Schools	242.7	251.0	122.1	29.40	517.4

Table 3: OLS - MRA Hedonic model results (5% confidence interval)
Dependent variable: ln(Price)

	Coefficient	Std. Error	t-ratio	p-value
Constant	−33.699	3.93634	−8.5610	<0.0001 ***
(V2) Area	0.0119925	0.0021246	5.6446	<0.0001 ***
(V3) Floor	0.046778	0.020239	2.3113	0.0234 **
(V4) Construction	0.0218698	0.00200238	10.9219	<0.0001 ***
(V5) Bedrooms	0.0790677	0.0675376	1.1707	0.2452
(V7) Metro_Hsap	0.000290856	0.000232418	1.2514	0.2145
(V8) Train_station	−0.00014913	0.000135516	−1.1005	0.2745
(V11) Educ_culture	0.000232976	8.93791e-05	2.6066	0.0109 **
(V13) Bus_stop	−0.000971118	0.00057168	−1.6987	0.0933 *
(V14) Schools	−0.00059033	0.000259667	−2.2734	0.0257 **

Several tests were also performed in order to validate the model. The F-test of statistical significance (F=33.9418 [p-value 1.32e-023]) indicated that the n0 hypothesis can be rejected and that the model can be considered statistically significant. The accuracy of the model can be better assessed through the Adjusted R^2 indicator, rather than R^2, as it takes into consideration the overall complexity of the model. The model achieves an accuracy of (Adjusted R^2) 77.1%.

Furthermore, the model has been checked for heteroscedacity through the Breusch-Pagan test for heteroskedasticity (n1: p-value: 0.131222) and the n0 hypothesis about no heteroscedacity can be adopted. In addition, Variance Inflation Factors (VIF) were calculated and no collinearity was detected. The Variance Inflation Factors (VIF) test was performed and no autocorrelation was detected as all the variable's factors ranged from 1.125 to 2.309 (>10).

The chow-test for structural break was performed and the n1 hypothesis was dropped (n1: p-value: 0.395928). So, no structural change can be observed. Normality of residuals was also tested and the n0 hypothesis, that the residuals are normally distributed, was adopted (n1: p-value 0.337322).

To assess the spatial heterogeneity of residuals the Global Moran's I index was estimated (Morans I: 0.0366) . The index is close to zero, so residuals are randomly distributed across space (Yiorkas, 2017).

Residential distance from the train station has a "positive" effect and for every meter the price of the property is decreasing by 0.015% [coefficient back-transformation: (eb-1) * 100]. Thus, for every 100 meters it decreases by 1,5 %, for every 200 it decreases by 3%, etc.

4. PLANNING AND POLICIES

The railway is a strategic infrastructure for the European territory development, thanks to the introduction of high speed transport systems and the promotion of rail transport as a more sustainable transportation system which can quickly connect metropolitan central areas, more and more impenetrable by private vehicles, and key functions centers for the contemporary urban systems (Sun, 2016).

The wider area of Larissa station is one of the most central and crowded points of Athens. It is characterized by multiple features, both old and modern and its special character can be perceived immediately (Papatheodorou, 2001).

Historically, the rail station used to be the fulcrum of urban life and was defined by great vitality, around which important part of the city was structured. However, the development of high-speed trains has led to a transformation not only in the architecture of the train stations but also in the development of (ownership) the estates nearby the area. The places from which these fast trains pass are of value, especially those that have direct access to a station, while the whole area has been upgraded. The most important example of this trend has appeared along the Eurostar line in Europe.

Figure 1: Fitted linear model

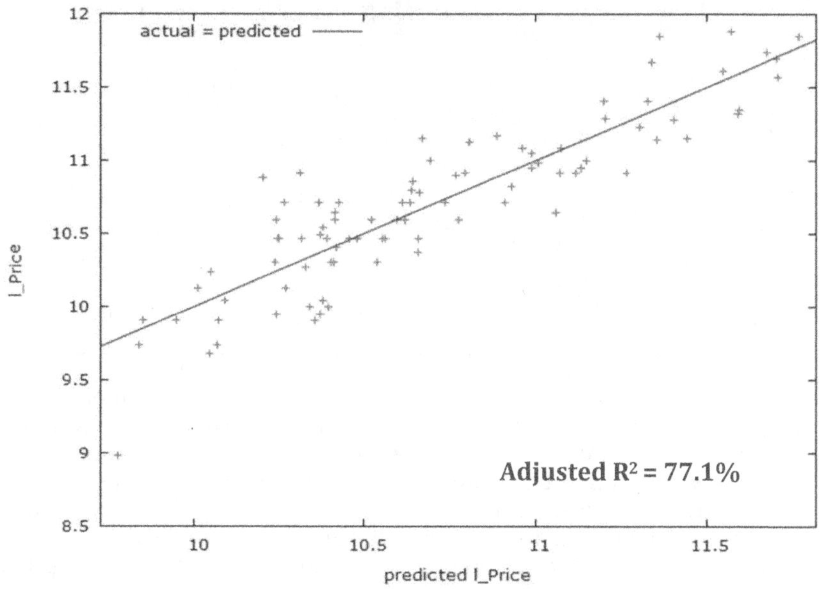

Figure 2: Residuals graph

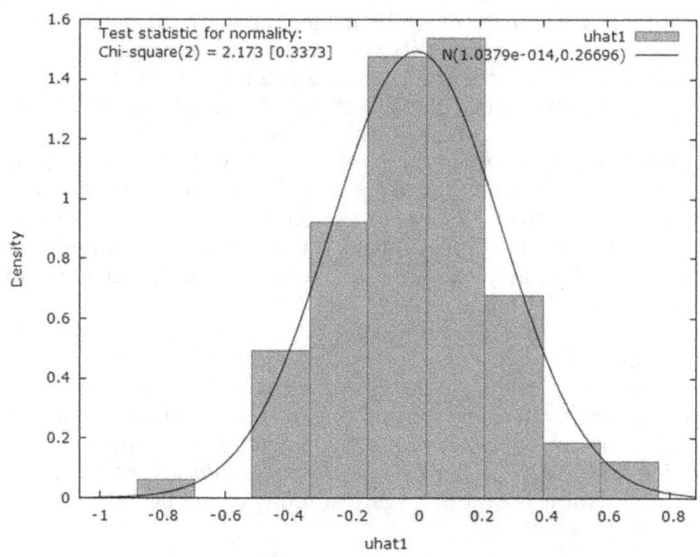

Figure 3: Residuals value distribution in the study area

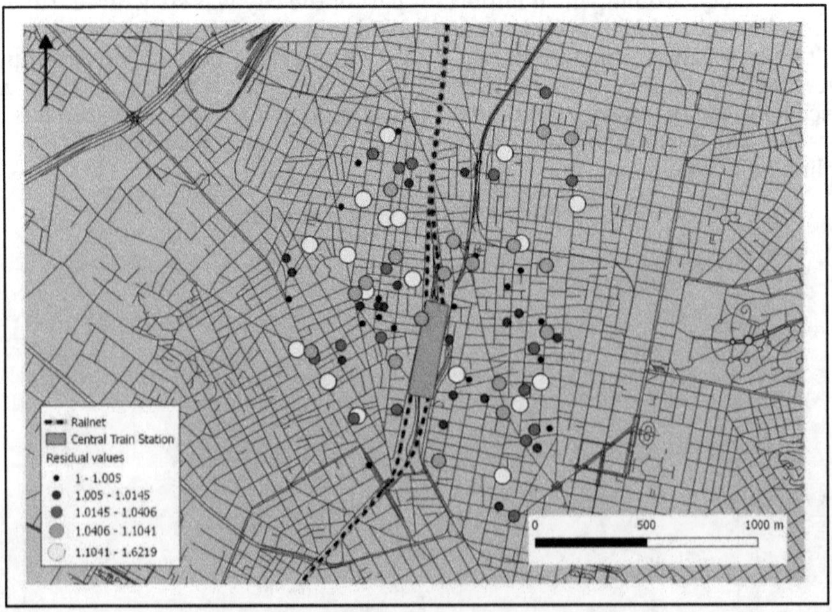

Within the framework of the general upgrading, the construction of new modern high-quality railway stations will provide all modern comforts, better service and safety, as well as maintenance and rehabilitation of some old stations of interest. The easiest way to understand how close is the relationship between the improvements in transport infrastructure and its effect on spatial development is to observe their interconnection at the level of strategic nodes. An example of such an improvement is that a railway station redevelopment could bring urban growth for the adjacent area.

Railways are not just transport network nodes but can also influence other socio-economic parameters, as they have evolved into urban crowding points by integrating multiple city functions and continuously enriching their services. At a node, the larger its size, the greater its socio-economic attraction. If a station grew its dynamic, then it grows economically, and the city can be transformed into a "trans-metropolis" (metropolis - transit center). A typical example of a fast-paced urban hub is the Lille train station, built due to the TGV. Lille is now attracting more than 20 million visitors a year, with a total of 100 guests per inhabitant, meaning that Lille is a transit city, such as airport transfer halls, but on a different scale (Papatheodorou, 2001). Thanks to the introduction of high speed transport systems and the promotion of rail transport as a more sustainable transportation the railway system is a strategic infrastructure for the European and especially for the Greek territory development.

In Attica prefecture, a huge volume of architectural planning projects renovating the city center and its infrastructures has been realized mainly for public purposes even though there is a great criticism on this new landscape. There is a new public space resulting from underground metro stations, the reconstruction of the ISAP stations, suburban railway stations, the airport station and the three stations of Piraeus (OSE, ISAP, SPAP). This new landscape could justify the visions for the new city where the railway stations (gate station) of the big Railway Axes are infrastructures that should be renovated as they can promote the urban development of the city and the area nearby them. This train station renovations could be the symbols of a new human-train relationship, like the experience abroad (Beriatos, 2005).

The proposed solutions for railways renovations can create exceptional conditions of different scale and scope for the upgrading public spaces in the public transport hubs. Investments in the railway system could be used as a catalyst for further development and upgrading of the urban fabric.

Furthermore, current accessibility to the main station area of Larissis station is insufficient for a railway network node of national and European importance. Larissis Station never responded the requirements of a capital city center of a country and never escaped the image of one Small-to-medium-sized passenger Ture. The rail station in the history used to be the fulcrum of the urban life and was defined by great vitality, around which important part of the city was structured. But today, the station should be upgraded to more than an eight-track railway infrastructure with an electrified connection to SKA (the northern gateway of Athens) and the passenger harbor of Piraeus. The link from SKA via Stathmos Larissis to Piraeus forms a corridor that has strategic importance for the future development of Athens.

CONCLUSIONS

The main goal of this study was to investigate a possible interaction existence between Athens' Central Railway Station and the value of residences of the station surrounding area. To validate or reject this interaction the hedonic pricing method and OLS was applied in conjunction with spatial analysis. House sale prices were collected from property sales websites and structured on a series of criteria like Age, Floor, Area, Central train station distance, School distance etc. The hedonic pricing method indicated that a 'positive' correlation between house prices and the Central Train Station distance could possibly exist. Therefore, the location of the Railway station could play a crucial role in the development of its neighboring areas that are mainly characterized by low-income groups.

This result can confirm some assumptions that were mentioned in the introduction: railway infrastructures are mostly located near low-income rate residential areas. Moreover, an areas' identity is related to a plethora of other variables like population density, point of interest accessibility, public opinions etc. The Train station can be a growth pole that can lead to the overall development of areas. This potential can be further enhanced through the urban regeneration of these areas, the re-use of abandoned areas and buildings and the promotion of the buildings' architectural heritage. This kind of policies are widely implemented abroad and aim at the overall socio-economic development of the Train station's surrounding areas, given the well-established and well-proven theories of spillover effects (Kyriakidis and Siolas, 2013).

The existing property of the Greek National Railway Company is characterized by a high potential development through investment attraction and real estate management. Train Stations and Rail property in general, could transform through their redevelopment the adjacent areas, transforming them into multidimensional spaces that could be used on a daily and extended basis and which can help promote their viability and the sense of security (Jane Jacobs, 1961).

REFERENCES

Athens Social Atlas, 2016, Average family income map. (available at: http://www.athenssocialatlas.gr/άρθρο/ενεργειακή-φτώχεια, 30-02-2017).

Basu, S., Thibodeau, T. G., 1998, Analysis of spatial autocorrelation in house prices, *Journal of Real Estate Finance & Economics*, Vol. 17 (1), 61-85.

Beriatos E., Gospodini A., 2005, Glocalisation and Urban Landscape Transformations: Built Heritage and Innovative Design versus non-competitive morphologies – the case of Athens 2004, in: *International ISoCaRP Planning Congress: Planning in a Globalised and Competitive World.*

Bohman H., Nilsson D., 2016, The impact of regional commuter trains on property values: Price segments and income, *Journal of Transport Geography*, vol. 56, 102-109.

Chiarazzoa V., Coppolac P., Dell'oliob L., Ibeasb A., Ottomanellia M., 2014, The Effects of Environmental Quality on Residential Choice Location, in: XVIII Congreso Panamericano de Ingeniería de Tránsito, Transporte y Logística (PANAM 2014), Spain.

Conticelli, E., Tondelli, S., 1998, Railway Station Role in Composing Urban Conflicts (available at: https://core.ac.uk/download/pdf/11977482.pdf, 14-02-2017, 15-02-2017).

Debrezion, G., Pels, E. And Ritveld, P.J., 2007, The impact of railway stations on residential and commercial property value: A meta-analysis, *The Journal of Real Estate Finance and Economics*, 35(2), 161-180.

Debrezion, G., Pels, E. And Ritveld, P.J., 2006, The impact of rail transport on real estate prices: an empirical analysis of the Dutch housing market, *Tinbergen Institute Discussion Paper*, No. 06-031/3

Diaz, R., 1999, Impacts of rail transit on property values, *Commuter Rail/Rapid Transit Conference*, Toronto, Ontario. May.

ESRI, 2017, How Spatial Autocorrelation (Global Moran's I) works.
http://pro.arcgis.com/en/pro-app/tool-reference/spatial-statistics/h-how-spatial-autocorrelation-moran-s-i-spatial-st.htm, 05-02-2017

Gatzlaff, D. And Smith, M., 1993, The impact of the Miami Metrorail on the value of residences near station locations, *Land Economics*, 69(1), 54- 66.

Hess, D.B. And Ameida, T.M., 2007, Impact of proximity to light rail rapid transit on station-area property values in Buffalo, New York, *Urban Studies*, 44(5), 1041-1068.

Jacobs, J., 1961, *The uses of sidewalks: Safety*. https://contemporaryurbananthropology.com/

James G., Witten D., Hastie T., Tibshirani R., 2015, *An Introduction to Statistical Learning*, Springer, New York.

Kandylis G., Maloutas T., Sayas J., 2012, Immigration, inequality and diversity: socio-ethnic hierarchy and spatial organization, *European Urban and Regional Studies*, Athens, Greece, vol. 19/3, 267-286.

Kyriakidis, C. And Siolas, A., 2013, Leisure and cultural clusters as a means of growth. The case study of the Commercial Triangle in Athens. Proceedings of the 11th Tactical scientific conference ERSA – GR. Patra, Greece.

Kyriakidis, C., 2009, The theory of geographical position of a company in relation to the new business and innovative market conditions, 6th Student Congress of Administrative Science and Technology, Athens, Greece, May.

Lambropoulos A., 2013, Automation of mass valuations of real estate values for the Greek space [Ph.D. Thesis], National Technical University of Athens [N.T.U.A.], Athens.

Ma, L., Ye, R. And Titheridge, H., 2013, Capitalization effects of rail transit and BRT on residential property values in a booming economy: Evidence from Beijing, *13th World Conference on Transport Research*, Rio de Janeiro, Brazil, July.

Papatheodorou, T., 2011, The history of trains (available at: http://www.greekarchitects.gr/site_parts/doc_files/papatheodorou.08.11.2011.06.pdf)

Stamou M., 2016, A study in property prices in Athens metropolitan area [Ph.D. Thesis], National Technical University of Athens [N.T.U.A.], Athens, 98.

Sun, H., 2016, Study on the correlation between the hierarchical urban system and high-speed railway network planning in China, *Frontiers of Architectural Research,* vol. 5, 301-318.

Yiorkas C., Dimopoulos T., 2017, Implementing GIS in real estate price prediction and mass valuation: the case study of Nicosia district, in: Fifth International Conference on Remote Sensing and Geoinformation of Environment, Cyprus.

Welch, T. And Gehrke, S., 2016, Long-term impact of network access to bike facilities and public transit stations on housing sales prices in Portland, Oregon, *Journal of Transport Geography,* 54. 264-272.

Zhong, H. And Li, W., 2016, Rail transit investment and property values: An old tale retold, *Transport Policy,* 58, 1-9.

Zhuang X. And Zhao S., 2014, Effects of land and building usage on population, land price and passengers in station areas: A case study in Fukuoka, Japan. *Frontiers of Architectural Research,* Vol. 3(2), 199-212.

Quartier de gare et effet sur les prix immobiliers : application à la gare centrale d'Athènes d'un modèle hédonique

Résumé - Cet article propose de combiner une analyse spatiale exploratoire et l'utilisation d'un modèle hédonique pour étudier les relations entre les infrastructures ferroviaires et les prix immobiliers en milieu urbain. Plusieurs études sur des cas de villes européennes et américaines montrent que la présence de gares a un effet positif sur les prix immobiliers. Cet article examine le cas de la gare centrale d'Athènes et les effets de sa localisation sur les prix immobiliers dans un rayon de 700 mètres autour de la gare. Le travail s'appuie sur une base de données originale, obtenue par le biais des actes notariaux et des offres de vente. Les résultats montrent qu'à Athènes, contrairement à d'autres villes, les prix immobiliers sont inférieurs à proximité de la gare et tendent à augmenter au fur et à mesure que l'on s'en éloigne. Une série de propositions est formulée pour la revalorisation de ces espaces.

Mots-Clés
Quartier de gare
Prix immobiliers
Modèle hédonique
Analyse multi-régression
Athènes

Région et Développement

n° 48-2018

www.regionetdeveloppement.org

Géographie de la résilience des régions européennes face à la crise (2008-2013)

Sébastien BOURDIN*

Résumé - Cette étude analyse la géographie de la résilience des régions européennes durant la période 2008-2013. Nous mettons en évidence la concentration spatiale des régions ayant mieux résisté à la crise ou au contraire de celles qui l'ont largement subie. Notre étude révèle une grande diversité des régions dans leur capacité de résistance, dont la géographie ne coïncide pas exactement avec la carte des régions métropolitaines. Puis, nous identifions des déterminants potentiels de la résilience des régions européennes en prenant en compte des facteurs institutionnels, d'innovation, sociodémographiques et du marché du travail. Les résultats suggèrent que les disparités régionales de la résilience régionale sont principalement déterminées par des facteurs tels que le niveau d'innovation, d'éducation ou encore la qualité de l'administration régionale.

Classification JEL

C21, O40, H50, R11

Mots-clés

Crise économique
Croissance régionale
Union européenne
Hétérogénéité spatiale
GWR – régression géographiquement pondérée

* Ecole de Management de Normandie – Laboratoire Métis ; Département d'Economie des Territoires et Développement Durable. sbourdin@em-normandie.fr

INTRODUCTION

La crise financière mondiale qui a éclaté en 2008 a été engendrée par l'effondrement de la bulle immobilière américaine et l'expansion excessive du crédit et s'est rapidement propagée dans toute l'Europe. La Grande Récession a affecté l'Europe plus sévèrement que toutes les autres crises depuis la fin de la Seconde Guerre mondiale avec des effets notables sur le PIB et le taux de chômage (Capello et Caragliu, 2016 ; Fratesi et Rodríguez-Pose, 2016). Néanmoins, l'impact de la crise a été très inégal en Europe, tant entre les pays qu'entre les régions au sein des pays (Groot et al., 2011 ; Martin et Sunley, 2015 ; Capello et al., 2015, Boschma, 2015 ; Christopherson et al., 2010 et 2015). Largement étudié dans d'autres contextes, le concept de résilience a été mobilisé dans la littérature pour analyser la réaction des régions ou des villes au choc économique subi (Martin et al., 2016). Martin et Sunley (2015) définissent la résilience économique régionale comme la capacité d'une économie régionale ou locale à résister ou à se remettre des chocs économiques et à retrouver sa trajectoire de développement antérieure, si nécessaire en mettant en œuvre des changements visant à adapter ses structures économiques, sociales et institutionnelles.

Dans cet esprit, le but de cet article est d'identifier sur le plan européen les régions résilientes ou au contraire celles qui l'ont moins été, et d'identifier les concentrations et les irrégularités spatiales dans la géographie de cette Grande Récession. Une fois ces schémas spatiaux repérés, l'objet de cet article est aussi d'examiner quels facteurs déterminent le degré de résilience régionale.

En étudiant la résilience régionale, sa géographie et ses déterminants, le présent article contribue à la littérature existante sur trois aspects notamment. Premièrement, la plupart des études sur la résilience ont mis l'accent sur le rôle joué par la composition de la structure productive et technologique régionale (Martin et al., 2016, Cuadrado-Roura et Maroto, 2016 ; Xiao et al., 2017 ; Cappelli et al., 2018). Des travaux s'interrogent aussi sur le fait de savoir si la diversification ou la spécialisation du tissu économique ont un effet sur la résilience. Néanmoins, la résilience régionale ne dépend pas seulement de ces facteurs. Dans notre travail, nous avons intégré des facteurs qui caractérisent le cadre institutionnel, le système d'innovation et les conditions socio-démographiques pour expliquer la plus ou moins grande résilience des régions européennes.

Deuxièmement, une abondante littérature a tenté d'expliquer les raisons des chocs économiques, et de contribuer à la conception des politiques capables d'atténuer leurs effets (Martin et al., 2015). Bien que la plupart de la littérature ait été de nature macroéconomique, un nombre croissant d'études ont tenté de comprendre et d'expliquer l'hétérogénéité locale et régionale des effets de la crise. Mais la plupart des études proposent des analyses nationales ou spécifiques pour un échantillon de pays (Briguglio et al., 2009) ou à l'échelle infranationale telles que pour les régions grecques (Monastiriotis, 2011 ; Psycharis et al., 2014 ; Palaskas et al., 2015 ; Giannakis et Bruggeman, 2017), italiennes (Cellini et Torrisi, 2014, Lagravinese, 2015 ; Faggian et al., 2018), espagnoles (Cuadrado-Roura et Maroto, 2016 ; Holl, 2018), néerlandaises (Diodato et Weterings, 2015), au Royaume-Uni (Fingleton et al., 2012, Gardiner et al., 2013 ; Martin et al., 2016) ou encore dans les pays d'Europe centrale et orientale (Próchniak , 2011 ; Blažek et Netrdová, 2012). Si ces approches fournissent des informations utiles sur le rôle joué par les différents facteurs qui déterminent la résilience régionale dans des pays spécifiques, l'approche adoptée ici fournit des résultats plus généraux : nous proposons une analyse de la résilience économique régionale sur l'ensemble de l'UE sur un échantillon de 270 régions à l'échelle NUTS 2 sur la période 2008-2013, qui couvre à la fois la crise économique de 2008-2009 et la crise des dettes européennes qui a suivie.

Troisièmement, notre approche se différencie aussi par son approche méthodologique. Nous n'avons pas recensé à ce jour d'analyse de l'existence de schémas spatiaux de la résilience régionale notamment à l'aide d'indicateurs locaux d'association spatiale (LISA). Or, il nous semble important de déterminer les concentrations et les hétérogénéités locales pour mieux appréhender les mécanismes spatiaux à l'œuvre. Une fois celles-ci identifiées, contrairement aux études analysant la résilience où l'inférence est basée sur une analyse structurelle-résiduelle (shift-share) ou un modèle économétrique classique, nous utilisons un modèle de régression géographiquement pondérée (GWR) pour saisir l'impact des variables explicatives sur la résilience des régions.

1. L'HÉTÉROGÉNÉITÉ SPATIALE DE LA RÉSILIENCE DES RÉGIONS

La sévérité exceptionnelle de la crise économique et l'hétérogénéité spatiale de son impact ont contribué à la popularité du concept de résilience. Le concept a été appliqué pour essayer de comprendre pourquoi les économies régionales ont réagi différemment au choc de la récession.

1.1. Les effets spatialement différenciés de la crise sur la résilience des régions

La récession a commencé au premier trimestre 2008 (c'est-à-dire au deuxième trimestre consécutif de croissance économique négative) et a duré jusqu'au dernier trimestre de 2009. Entre le second semestre 2010 et 2011, l'UE a enregistré une deuxième vague de baisse de l'activité économique (Eurostat, 2014). Elle correspond, dans la plupart des États membres, à une crise de la dette privée qui s'est transformée en une crise de la dette souveraine (Milio et al., 2014). On peut considérer que c'est en 2013 que l'UE est sortie de la crise. Alors qu'elle a touché la majorité des pays européens, la profondeur de la crise dans la période 2008-2013 a été très inégale.

Avant 2008, l'UE se caractérise par une phase de convergence régionale progressive (Cuadrado-Roura et Parellada, 2013 ; Bourdin, 2013 ; Borsi et Metiu, 2015; Bourdin, 2019...). Entre 2000 et 2008, les disparités régionales du PIB par habitant ont diminué, en grande partie en raison de la dynamique des régions dans les nouveaux États membres de l'Union. En 2009, cette tendance à la convergence s'est arrêtée pour devenir des divergences en 2010 et 2011. Dans ce contexte, l'augmentation des disparités régionales pendant la crise ne peut s'expliquer exclusivement par la contraction généralisée des économies des États membres. Certes, la résilience économique a été très hétérogène entre les pays. Par exemple, la Grèce a enregistré une baisse de plus d'un quart de son PIB entre 2008 et 2013. Au contraire, le PIB de l'Allemagne était déjà revenu à son niveau d'avant la crise en 2011. De même, les effets de la crise ont été importants et très différenciés pour les marchés du travail de chaque pays européen (Fratesi & Rodriguez-Pose, 2016) et ont souvent accru le nombre de personnes exposées au risque de pauvreté, en particulier dans les pays durement touchés par la récession (Collombet et Hiltunen, 2014 ; Eurostat, 2016). L'impact différencié de la crise a été renforcé par des programmes d'austérité sévères dans les pays à forte dette publique et l'absence de mécanisme de stabilisation budgétaire au sein de l'Union Monétaire Européenne qui a conduit à des emprunts publics (Hadjimichalis, 2011), créant ainsi un nouveau problème de la dette publique en Europe. Toutefois, les effets négatifs de la crise ont été asymétriquement reçus par les régions et les localités (Fingleton et al., 2015 ; Lagravinese, 2015 ; Dijkstra et al., 2015 ; Sensier et al., 2016 ; Crescenzi, et al., 2016)). Même dans les États membres les plus durement touchés par la crise, des différences de conjoncture sont apparues au niveau régional. Par exemple, Crescenzi et al. (2016) illustrent ceci avec le cas de l'Italie où les régions du Nord ont souffert de l'impact à court terme de la crise sur leurs niveaux de PIB en raison de leur plus fort degré d'intégration internationale, alors que les régions italiennes du Mezzogiorno – avec des échanges internationaux moins importants – ont subi des impacts à court terme plus limités, mais ont été plus fortement et plus durablement impacté dans leurs trajectoires de développement à moyen et long terme.

En conséquence, nous faisons ici l'hypothèse que la plus ou moins grande résilience des régions européennes est ancrée dans des causes plus profondes liées au développement économique géographiquement déséquilibré des régions européennes au cours de la période précédant la crise. Par ailleurs, bien que les Fonds structurels de l'UE aient contribué à réduire les différences de développement économique entre régions, elles restent encore très marquées géographiquement (Hadjimichalis, 2011; Bourdin, 2018).

1.2. Les effets spatialement différenciés de la crise sur la résilience des régions

Dans la littérature, on recense un certain nombre de facteurs clés susceptibles de façonner la résilience économique des régions. Un état de l'art nous permettra d'introduire les variables retenues dans cette étude (et dont les données peuvent être tirées d'Eurostat).

Premièrement, on retrouve les facteurs socio-démographiques. Plusieurs auteurs (parmi lesquels Gallup et al., 1999 ; Ottaviano et Puga, 1999 ; Cicone, 2002 ; Gardiner et al., 2010 ; Capello, 2015) soutiennent que les économies d'agglomération qui favorisent la productivité résultent globalement d'une densité de population ou d'emplois plus élevée. Pourtant, l'impact de l'agglomération sur la résilience régionale n'est pas clair dans la littérature. En effet, les zones fortement urbanisées et denses sont souvent les plus exposées car les plus intégrées dans la mondialisation, et sont donc les premières à la subir lors d'une crise économique. En même temps, il semblerait que ce soit celles qui sont les plus à mêmes de sortir le plus vite de la crise. Ainsi, pour contrôler l'effet potentiel de l'agglomération, nous incluons dans notre spécification un indicateur de *densité de population*. Par ailleurs, nous souhaitons également tester si les régions en déclin démographique sont plus résilientes à la crise que les autres, en faisant l'hypothèse que ces dernières concernent essentiellement des régions rurales et donc moins exposées à la crise financière. Nous avons donc ajouté une variable relative au *taux de variation naturelle de la population*. Enfin, la migration peut contrebalancer le solde naturel de la population et a pu contribuer de manière positive à la croissance avant crise dans de nombreuses régions européennes (ESPON, 2008). Aussi, afin de prendre en compte l'attractivité résidentielle des territoires, nous introduisons le taux de solde migratoire. Nous souhaitons tester ici si les régions les plus attractives sont plus susceptibles d'être résilientes.

Ensuite, les effets attendus de la structure démographique sur la résilience sont théoriquement ambigus. D'une part, les données empiriques montrent que les populations âgées ont tendance à moins innover (Prskawetz et Lindh, 2006), ce qui devrait avoir un effet négatif sur la capacité à développer de nouvelles voies de croissance lorsqu'une région est frappée par un choc. Ces arguments suggèrent que les populations plus âgées pourraient avoir des niveaux de résilience plus faibles que les plus jeunes. Néanmoins, il existe d'autres arguments qui soutiennent qu'une force de travail plus mature est plus productive (Aiyar et al., 2016) en raison de niveaux d'expérience professionnelle plus élevés (Creedy et Disney, 1989 ; Aiyar et Ebeke, 2017). Pour contrôler le rôle de la structure par âge, nous incluons l'*âge médian de la population*.

Nous retenons comme deuxième groupe de variables les facteurs liés à l'innovation et la connaissance. Dans l'ensemble, les facteurs favorisant la création de connaissances (éducation et efforts en R&D) devraient avoir des effets positifs sur la résilience car, en période de récession, la « destruction créatrice » est susceptible d'avoir un effet potentiellement bénéfique sur le développement de nouvelles voies de croissance si les anciennes technologies sont remplacées par des nouvelles. Pour autant, comme l'expliquent Camagni et Capello (2013) ou encore Capello et Lenzi (2013 et 2014), les facteurs liés aux connaissances régionales ne se transforment pas automatiquement ni nécessairement en innovation. Par ailleurs, comme l'expliquent Crescenzi et al. (2016), la présence d'un environnement régional propice à l'innovation peut contribuer à atténuer les conséquences négatives de la crise non seulement par le développement de nouveaux produits et/ou de nouvelles technologies, mais aussi par l'innovation organisationnelle et la réduction des coûts de production. Nous avons donc intégré la *part dans le PIB régional des dépenses de R&D* ainsi que la *part de la population entre 24 et 65 ans diplômée de l'enseignement supérieur*. Ces deux variables permettent en particulier de rendre compte du poids des secteurs à haute qualification, moins affectés que les industries traditionnelles et à faible technologie lors de la crise économique.

Troisièmement, la structure productive d'une région peut affecter sa plus ou moins grande résilience. Il est depuis longtemps mis en évidence qu'une structure économique diversifiée devrait permettre à une économie régionale de répartir le risque, réduisant ainsi l'intensité des fluctuations conjoncturelles et augmentant la résilience régionale (Ezcurra, 2011 ; Boschma et al., 2017). Une région très dépendante d'un petit nombre d'activités est potentiellement plus vulnérable en cas de ralentissement économique (Trendle, 2006 : Marelli et al., 2012). Cependant, il convient aussi de noter que les entreprises situées dans des régions plus spécialisées peuvent tirer parti des effets d'agglomération et être plus productives que les entreprises similaires dans les régions moins spécialisées (Baldwin et Okubo, 2005). Pour juger du rôle de la spécialisation ou de la diversité du tissu économique sur la résilience des régions, nous avons calculé le *degré de spécialisation sectorielle des activités économiques régionales* via l'indice de Herfindahl-Hirschman[1], tel que proposé par exemple par Romocea-Turcu (2009).

Quatrièmement, il est de plus en plus admis que les institutions modulent et façonnent les trajectoires de croissance économique (Farole et al., 2011 ; Rodríguez-Pose, 2013 ; Commission européenne, 2017). Dans le contexte de l'analyse de la résilience, la qualité du gouvernement peut jouer un rôle crucial en minimisant la vulnérabilité aux chocs économiques qui frappent les marchés du travail (OCDE, 2017). Un niveau de corruption élevé peut aussi bien (i) compromettre la stabilité financière et la reprise économique que (ii) freiner le potentiel régional d'innovation (Rodríguez-Pose et Di Cataldo, 2015) et l'entrepreneuriat (Nistotskaya et al., 2015 ; Nistotskaya et Cingolani, 2015). De plus la qualité des institutions régionales peut accroître la résilience en améliorant les réponses politiques, en particulier en ce qui concerne l'efficience de l'investissement public. Au niveau régional européen, des études empiriques montrent que de bonnes institutions ont pu favoriser les retours sur investissement de la politique de cohésion (Rodríguez-Pose et Garcilazo, 2015 ; Bourdin, 2018). Pour mesurer l'effet de la *qualité de la gouvernance régionale*[2] sur la résilience régionale, nous utilisons l'indice développé par Charron et al. (2015).

---

[1] Cet indice est compris entre 0 (tous les secteurs sont représentés de manière égale dans une économie régionale) à 1 (la région développe des activités dans un seul secteur).

[2] L'indicateur repose sur trois piliers différents qui font référence à l'impartialité, la corruption et la qualité, qui sont pondérés pour former l'indice régional.

2. MÉTHODOLOGIE

Comme expliqué en introduction, malgré l'intérêt croissant pour une meilleure compréhension de l'impact asymétrique des chocs de la récession au niveau régional, les preuves empiriques sur la façon dont les conditions d'avant la crise façonnent les réactions des régions sont encore rares. Nous cherchons donc à identifier et analyser la géographie de la crise économique de 2008.

Dans la littérature, la mesure de la résilience des régions a été abordée de différentes manières (Martin et Sunley, 2015). Certains auteurs proposent l'utilisation d'indicateurs univariés basés sur le PIB par habitant (Crescenzi et al., 2016) ou les taux d'emploi ou taux de chômage (Fingleton et al., 2012 ; Cellini et Torrisi, 2014, Di Caro, 2015, Lagravinese, 2015). Une autre approche pour mesurer la résilience a été d'élaborer des indices composites basés sur un nombre de variables qui pourraient affecter le degré de vulnérabilité économique (Psycharis et al., 2014 ; Modica et Reggiani, 2015 ; Rizzi et al., 2018). De notre côté, nous proposons de construire un indicateur bivarié de la résilience au niveau régional basé sur (i) le taux de chômage et (ii) le PIB/hab. (en PPA)[3] formalisé comme suit :

$$RES_i = \frac{1}{2}\sum_{i=1}^{n}(\,ChoCris_i; PIBCris_i\,)$$

avec

$$ChoCris_i = \frac{max_i - ChoReg_i}{max_i - min_i}$$

$$PIBCris_i = \frac{PIBReg_i - min_i}{max_i - min_i}$$

où $ChoReg_i$ est la variation du taux de chômage dans la région i entre le point de départ de la crise (2008) et la reprise économique (2013) ; $PIBReg_i$ représente la variation du PIB/hab. (en PPA.) aux mêmes dates dans les régions de l'UE. Notons que toutes les valeurs ont été centrées-réduites. La cartographie des valeurs de RES_i permet d'illustrer le degré de résilience des régions entre 2008 et 2013 (carte 1).

Dans un premier temps, nous réalisons une analyse exploratoire des données spatiales (ESDA) afin d'étudier la structure spatiale de la résilience régionale. L'évaluation de l'autocorrélation spatiale globale a été réalisée à l'aide de la statistique I de Moran qui mesure l'autocorrélation spatiale en fonction des emplacements des caractéristiques et des valeurs caractéristiques simultanément (Cliff & Ord 1981 ; Oliveau, 2010). Le modèle global de Moran évalue si le modèle spatial est regroupé, dispersé ou aléatoire en produisant un Z-score et une p-valeur évaluant la significativité de cet indice sous l'hypothèse nulle d'indépendance spatiale. Les déviations par rapport à l'hypothèse aléatoire spatiale à l'échelle locale ont été évaluées en utilisant le I de Moran local via l'indicateur local d'association spatiale (LISA). La statistique I de Moran locale mesure la corrélation entre la valeur d'une zone donnée et celle de ses voisins, et peut être utilisée pour identifier des localisations atypiques ainsi que des groupes de valeurs élevées ou faibles. Une valeur positive et significative du I de Moran local indique un regroupement spatial de

---

[3] Notons que certaines régions ont pu connaître sur la période considérée des créations d'emplois (comme c'est le cas par exemple à un niveau infra-régional pour les seize plus grandes aires urbaines françaises, cf. Catin et Van Huffel, 2019). L'introduction d'une troisième composante dans l'indice de résilience décrivant les dynamiques de créations d'emplois dans différentes territoires sur la période pourrait faire l'objet d'une étude complémentaire précisant les liens production-emploi-chômage.

valeurs similaires (élevées ou faibles), alors qu'une valeur négative et significative indique un regroupement spatial de valeurs dissemblables entre une région et ses voisines.

Carte 1. Indice de résilience régionale

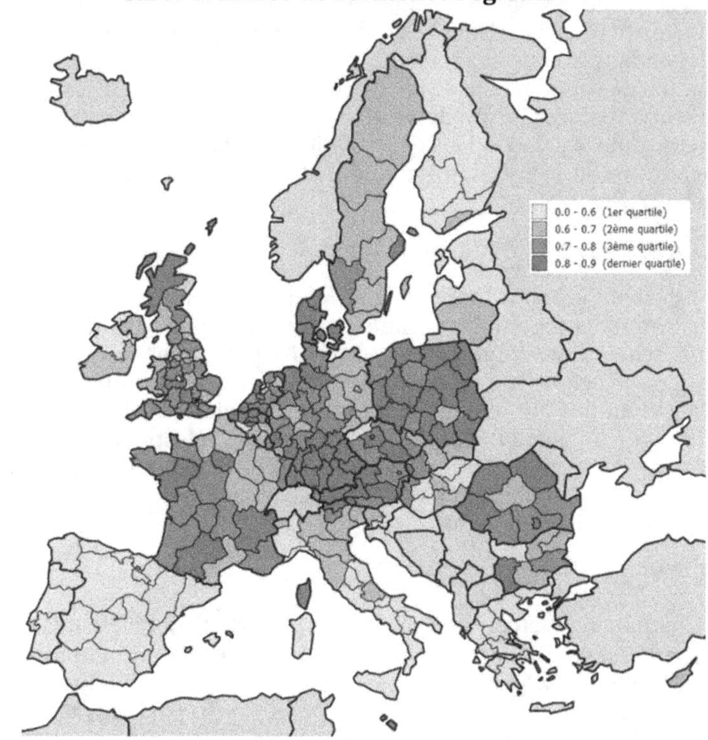

Source : Eurostat et calculs de l'auteur

Tableau 1. Statistiques descriptives

Variable	Observations	Minimum	Maximum	Moyenne
QoG	Indice de Qualité des Institutions	0	100	64,70
PIB	PIB/hab. PPA	7100	147800	25491,85
R&D	Part des investissements dans la R&D dans le PIB regional	0,07	6,72	1,36
Agemed	Age médian de la population	31,60	49,30	40,28
Dens	Densité de population	3,30	9817,10	443,16
Educ	Part de la population diplômée de l'enseignement supérieur	7,30	60,80	23,47
Spé	Degré de spécialisation sectorielle des activités économiques régionales	0,18	0,39	0,23
Migr	Taux de solde migratoire	-8,80	32,20	3,99
Varpop	Taux de variation naturelle de la population	-11,00	11,20	0,60
RESILIENCE	Indice de résilience régionale	0,20	0,94	0,67

Dans un second temps, nous proposons d'analyser dans quelle mesure les variables explicatives considérées agissent sur la résilience des régions et comment ces impacts ont une dimension spatiale. La littérature sur la modélisation spatiale fournit une variété de modèles locaux et globaux pour traiter de la dépendance spatiale, ainsi que des modèles qui intègrent explicitement l'hétérogénéité spatiale comme la méthodologie de la GWR (Brundson, 1996 ; Fotheringham et al., 2003). Elle calibre séparément une série de modèles de régression locale pour chaque région et permet de cartographier les estimations locales des coefficients des variables et de vérifier les variations spatiales des relations entre variables dépendantes et indépendantes pour chaque région (Bourdin, 2019). En tenant compte de la non-stationnarité spatiale dans les paramètres de la régression, les modèles locaux GWR peuvent améliorer les modèles globaux en prenant en compte une partie ou même une grande partie de l'autocorrélation spatiale des termes d'erreur. GWR étend le cadre de la régression traditionnelle en permettant aux coefficients de varier dans l'espace:

$$y_i = a_0(u_i, v_i) + \sum_k a_k(u_i, v_i)x_{ik} + \varepsilon_i$$

où (u_i, v_i) désigne les coordonnées du $i$ème point dans l'espace et $a_k(u_i, v_i)$ est une réalisation de la fonction continue $a\,(u, v)$ au point i (Brunsdon et al., 1996). Ensuite, un schéma de pondération est choisi pour que les données provenant d'observations proches de i aient un poids plus important que les données provenant d'observations plus éloignées de i (Fotheringham et al., 2003).

Le calibrage du modèle de GWR implique de sélectionner une fonction de pondération spatiale pour donner des poids différents en fonction de la distance qui sépare chaque région. Ici, nous avons utilisé une fonction de décroissance de la distance exponentielle définie par :

$$w_{ij} = exp(-d_{ij}/bw)$$

où d_{ij} est la distance entre i et j et bw est la portée spatiale choisie. Habituellement, le kernel est soit défini selon une distance fixe, soit selon une distance adaptative en fonction de la distance au $k$ième voisin le plus proche. Nous avons ici sélectionné un kernel spatial adaptatif. Le point clé du paramétrage du modèle de la GWR est de choisir une portée spatiale appropriée, c'est-à-dire un nombre de voisins. Pour cela, comme le recommandent Fotheringham et al. (2009), la méthode du critère d'information Akaike corrigé (AICc) peut être utilisée pour définir la portée spatiale aussi précisément que possible, en cherchant à réduire la différence entre la valeur observée et la valeur estimée pour i. Dans notre modèle, la portée spatiale varie entre 52 et 58 régions.

Enfin, en plus de prendre en compte l'hétérogénéité spatiale – via la GWR – nous souhaitons également considerer la dépendance spatiale, autrement dit, les effets de débordements géographiques. Ainsi, nous pourrons avoir une lecture à la fois de l'impact de la localisation (GWR) et de l'impact de l'organisation spatiale (modèles paramétriques spatiaux) sur la résilience régionale, nous avons également intégré dans notre étude un modèle global qui contrôle les effets de dépendance spatiale. Puisque la dépendance spatiale des données relatives à la croissance peut provenir de différentes sources, nous privilégions une spécification Durbin Spatial (SDM), car elle permet de considérer à la fois la dépendance spatiale liée aux variables exogènes et à la variable expliquée (LeSage et Pace, 2009). Le SDM permet de prendre en compte les effets de diffusion de la résilience aux régions voisines ainsi que l'impact des effets de voisinage et des caractéristiques régionales similaires.

Nous considérons le spatial Durbin model où la dépendance spatiale est incluse à la fois parmi les variables endogènes $(Y_{i,t})$ et les variables exogènes $(X_{i,t})$:

$$RES_i = \delta + \sum_{j=1}^{n} W_{ij}Y_i + X_i\beta + \sum_{j=1}^{n} W_{ij}X_i\gamma + \varepsilon_i$$

où $Y_{i,t}$ représente la résilience pour une région i telle que définie plus haut ; $\sum_{j=1}^{n} W_{ij}Y_i$ est la résilience des régions voisines (variable endogène spatialement décalée), X_i représente les variables explicatives de la région i, $\sum_{j=1}^{n} W_{ij}X_i$ sont les variables explicatives des regions voisines à i (variables exogènes spatialement décalées) ; δ la constante ; β et γ sont les vecteurs des coefficients estimés et ε_i celui des résidus.

3. RÉSULTATS

3.1. Une concentration spatiale des régions résilientes

Les résultats de la statistique I de Moran suggèrent qu'il existe une autocorrélation spatiale globale positive (0,436**). Ils révèlent que la distribution de la résilience des régions est par nature concentrée.

Carte 2. Indicateurs Locaux d'Association Spatiale de la résilience régionale

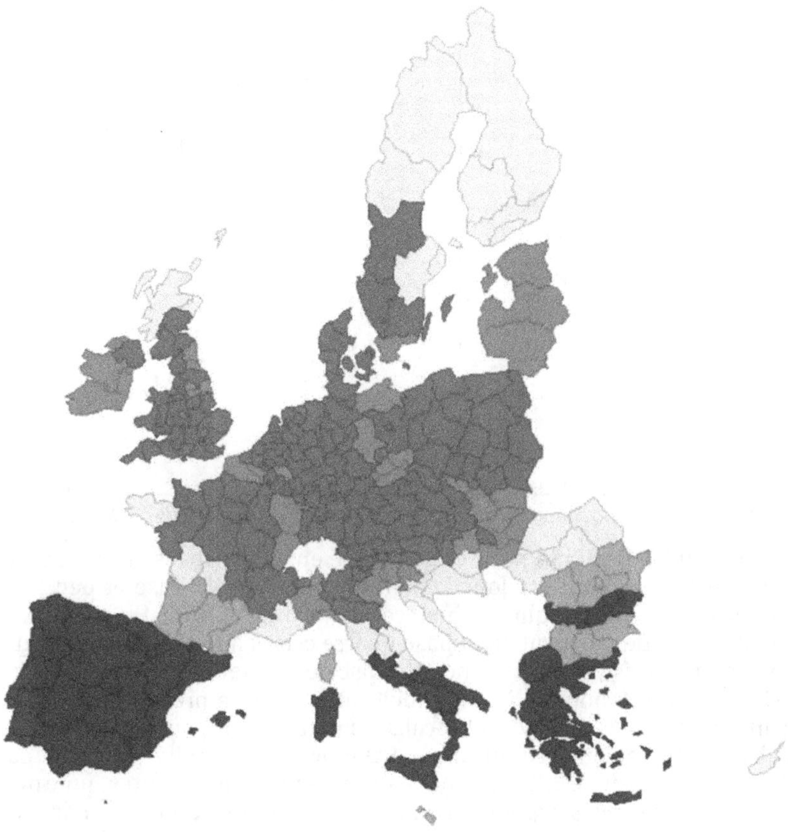

Source : Eurostat et calculs de l'auteur.

Dans un premier temps, les LISA (carte 2) permettent de confirmer l'existence de schémas spatiaux de la résilience régionale. Deux grands ensembles majeurs se distinguent. Tout d'abord une large bande de régions résilientes qui traverse l'Europe d'Ouest en Est partant de la France et du Royaume-Uni et allant jusqu'à la Pologne. Ensuite, on retrouve les régions de l'Europe méditerranéenne caractérisées par une résistance très faible au choc de la crise économique. La concentration spatiale observée (aussi bien pour les niveaux élevés que pour les niveaux faibles) laisse entrevoir que la géographie de la résilience à la crise est relativement dépendante d'un effet pays puisqu'elle suit largement les frontières des Etats-membres. Toutes les régions appartenant aux pays parmi les plus durement touchés (Portugal, Grèce et Espagne) se retrouvent dans le régime spatial LL. Il s'agit d'Etats-membres qui ont dû mettre en œuvre des politiques drastiques d'austérité (Jeanneret et Chouaib, 2015).

Tableau 2. Modèle GWR et Durbin Spatial de la résilience régionale

	GWR			SDM
Variable	Moyenne	Min	Max	
Intercept	0,691**	0,659	0,733	0,683**
QoG	0,037***	0,012	0,067	0,024***
PIB	0,019***	-0,005	0,031	0,017**
R&D	0,011***	0,001	0,046	0,005**
AgeMed	-0,036**	-0,081	0,011	-0,055***
Dens	-0,025***	-0,048	-0,01	-0,034***
Educ	0,010**	-0,01	0,027	0,002***
Spé	-0,01***	-0,063	0,015	-0,024***
Migr	-0,002***	-0,054	0,019	-0,018**
VarPop	-0,014**	-0,047	0,002	-0,027***
ρ				0,214***
W x QoG				0,038**
W x PIB				0,023***
W x R&D				0,007***
W x AgeMed				-0,037***
W x Dens				-0,023**
W x Educ				0,007***
W x Spé				-0,008***
W x Migr				-0,012**
W x VarPop				-0,015***
R^2	0,69			0,62
R^2 ajusté	0,63			0,57
LRCOM test				12,89***
Log likehood				129,42
Spatial Breusch–Pagan				12,74**
I Moran des résidus standardisés	0,076***			

****, **, *: statistiquement significatif respectivement aux seuils de 0,1%, 1%, 5%.*

La cartographie des LISA permet de mettre en évidence les *outliers*, en particulier ici les régions qui ont été lourdement impactés par la crise et peu résilientes (HL) entourées de régions qui ont bien résisté à la crise (HH). Un exemple parlant est celui de l'Irlande qui a subi à la base quatre crises interdépendantes (une crise immobilière, une crise bancaire, une crise fiscale et une crise financière) du fait de l'exposition de son économie à la mondialisation avec la présence de nombreuses firmes multinationales qui s'y sont localisées notamment pour des raisons sociales et fiscales. C'est d'ailleurs ce qui amène Donovan et Murphy (2013) à parler de « chute du Tigre celtique ». On retrouve également les pays baltes qui ont été peu résilients à la crise, ceci s'expliquant à la fois par la dette accumulée dans la décennie précédant la crise et la présence importante de capitaux étrangers qui se sont retirés au moment le plus critique de la Grande Récession (Kattel, 2010). Enfin, on trouve des regroupements de régions résilientes (HH) entourées de régions qui ont mal résisté à la crise (HL). Une fois ces schémas spatiaux identifiés, il nous semble pertinent de saisir l'influence des facteurs explicatifs à l'origine de cette géographie de la résilience et comment ils varient spatialement (au travers de la GWR) et d'identifier s'il existe des effets de dépendance spatiale (au travers du SDM). Premièrement, afin d'étudier cette hétérogénéité spatiale des effets de la crise sur les régions (Capello et al., 2015), le niveau de résilience a été modélisé via la GWR comme une fonction des variables décrites dans le tableau 1. Le test de la présence d'autocorrélation spatiale dans les résidus du modèle de la GWR à l'aide de la statistique I de Moran permet d'évaluer le degré de dépendance entre les observations proches. Les résultats (tableau 2) confirment que le modèle retenu n'est pas biaisé puisqu'il n'est pas observé d'autocorrélation spatiale ($p<0,005$) dans les résidus du modèle. Deuxièmement, afin de déceler des effets de dépendance spatiale des régions face à la crise, nous avons utilisé un modèle SDM. Nous nous concentrons ici sur les effets totaux puisqu'ils prennent en compte à la fois les effets directs et l'effet de dépendance spatiale entre toutes les observations au travers du multiplicateur spatial. Les estimations confirment un effet de diffusion spatiale de la résilience régionale ($\rho = 0,214$). Ainsi, le niveau de résilience d'une région dépend à la fois de ses caractéristiques mais également de la résilience régionale de ses voisines.

Les résultats montrent tout d'abord que plusieurs facteurs influencent positivement la résistance des régions au choc de la Grande Recession. Ainsi, la qualité des institutions - confirmant ainsi les travaux sur la question (Farole et al., 2011 ; Rodríguez-Pose, 2013) -, le niveau d'investissement des régions dans la R&D et le capital humain (Holl, 2018), montrant que les régions dotées d'activités cognitives et à haute intensité de savoir-faire ont en général mieux résisté à la crise. Au-delà, la comparaison des minima et des maxima des estimations des paramètres locaux du niveau d'éducation et du PIB/hab indique que le sens de la relation avec la résilience régionale varie dans l'UE. Autrement dit, en prenant l'exemple du PIB, alors que la plupart des régions avec un PIB élevé ont eu tendance à connaître une résilience plus forte, certaines régions en retard ont, malgré tout, bien résisté à la crise. Par ailleurs, il semblerait que plus une région a une population jeune, plus elle semble résister à la crise comme Prskawetz et Lindh (2006) l'ont déjà montré. Nous confirmons aussi l'hypothèse selon laquelle les régions connaissant un déclin démographique sont plus résilientes à la crise en général, de même que les régions connaissant un solde migratoire négatif. Il s'agit en général de régions agricoles, et l'activité économique et le taux de chômage de celles-ci, comme cela est traditionnellement observé, sont moins cycliques en général que les autres régions. Ceci est renforcé par l'effet significatif et négatif de la densité de la population sur la résilience régionale. Cette variable indique aussi que des régions métropolitaines (qui ont pour la plupart un solde migratoire positif) ont globalement moins résisté à la crise économique et financière, du fait de leur plus grande ouverture sur les marchés internationaux, en particulier si elles ont un poids important d'activités industrielles ou de certains secteurs financiers. Ceci rejoint les travaux de Capello et al. (2015) qui suggèrent que les régions accueillant des activités financières - et souvent densément peuplées - ont été sévèrement touchées pendant la crise, alors qu'elles ont été des secteurs très moteurs dans les périodes d'expansion précédentes. Ces régions densément peuplées accueillent des éléments de capital territorial tangibles et intangibles suffisants (accessibilité physique élevée, accès à l'information et au savoir, fonctions avancées) pour générer une croissance de la productivité. Ceci explique pourquoi elles font partie des régions qui enregistrent de nouveau après la crise des niveaux de croissance élevés et des taux de chômage plus faibles que la moyenne. On peut ajouter que la spécialisation sectorielle des régions n'est pas un avantage lors de la crise et donc a contrario que le degré de diversification du tissu économique conduit en général à une meilleure résistance.

Carte 3. Cartographie des valeurs-t du niveau de développement régional (PIB/hab.)

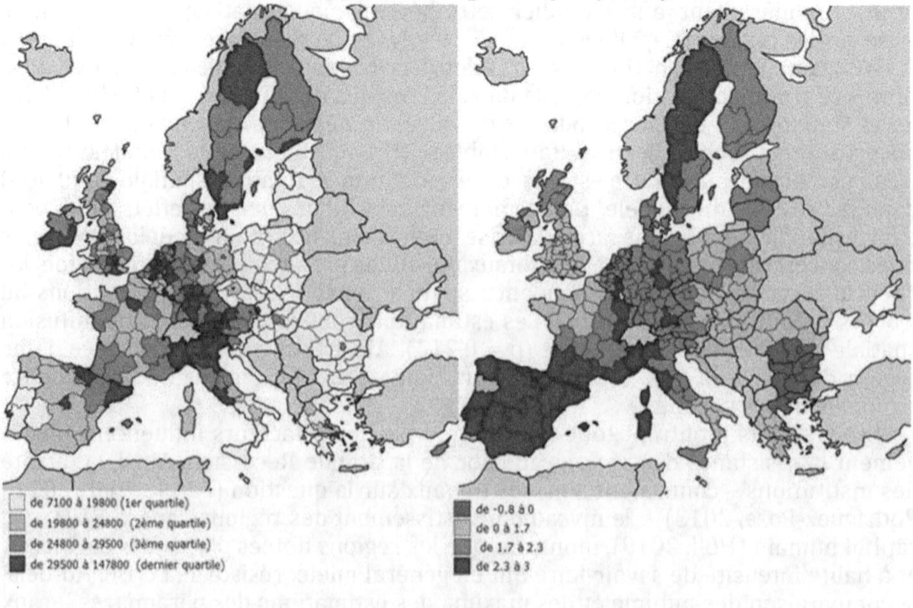

Ainsi, la lecture du tableau 2 montre bien comment il existe une hétérogénéité de l'influence des différents facteurs sur la plus ou moins grande résilience des régions. En effet, les changements de signes dans les estimations des paramètres du modèle et leur magnitude différenciée confirment la nécessité de prendre en compte la non-linéarité spatiale de la résilience des régions face à la crise. De plus, au-delà de considérer cette hétérogénéité spatiale, il est également important de contrôler l'autocorrélation spatiale et, de ce point de vue, nos résultats montrent la présence d'effets de débordements géographiques et l'interdépendance des économies régionales localisées à proximité.

La GWR permet d'appréhender localement les variations spatiales des effets des différents facteurs sur la variable dépendante. Plus précisément, la cartographie des t-valeurs permet de saisir à la fois la direction (signe) et la force (quantité) des relations locales entre les variables explicatives et le niveau de résilience régionale. Par exemple, la carte des t-valeurs des effets du niveau de développement économique sur le niveau de résilience régionale (carte 3) suggère une influence très forte des PIB/hab. sur le niveau de résilience dans les régions de la péninsule ibérique. De même les régions suédoises développées économiquement ont été robustes face à la crise. En revanche, les régions bulgares et leurs voisines font partie d'un ensemble d'entités géographiques très faiblement développées dans l'UE mais qui ont été résilientes. C'est l'intérêt de la GWR qui permet de dépasser les modèles économétriques globaux qui ne prennent pas en compte l'hétérogénéité spatiale de l'influence des facteurs. La carte 4 quant à elle met en lumière très clairement l'influence de la qualité des institutions sur la résilience des régions en Europe méridionale. En l'espèce, les niveaux très bas de gouvernance institutionnelle dans ces régions explique largement le niveau faible de résilience. Ceci confirme bien que le contexte institutionnel compte conformément aux approches récentes du développement régional (Rodríguez-Pose, 2013 ; Rodríguez-Pose et Di Cataldo, 2014 ; Charron et al., 2014).

Carte 4. Cartographie des valeurs-t de la qualité des institutions (QoG)

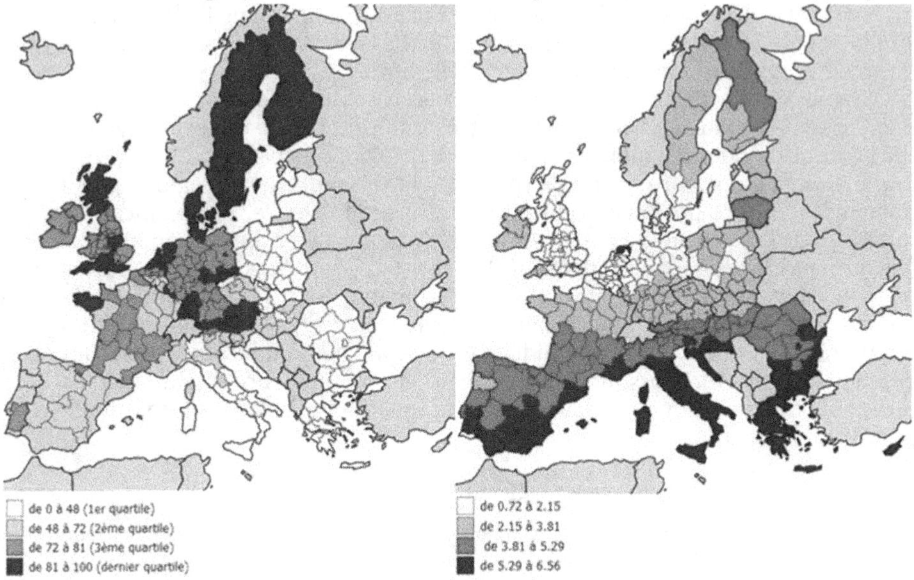

Source : Eurostat et calculs de l'auteur.

CONCLUSION ET IMPLICATIONS POUR LES POLITIQUES PUBLIQUES

Cet article visait à mettre en évidence les effets territoriaux de la crise et d'avoir une meilleure compréhension de la géographie de la résilience des régions européennes. Il a été mis en lumière le fait que la géographie de la résilience à la crise économique et financière est plus subtile que la géographie du développement économique régional. Les régions ayant un taux de croissance élevé et un niveau de développement faible (Europe centre-orientale) ont mieux résisté à la crise que celles qui cumulaient des niveaux bas de croissance économique et de développement régional (Europe du Sud). Par ailleurs, alors que des régions métropolitaines ont subi la crise de plein fouet, certaines ont réussi à l'absorber alors que d'autres ont éprouvé de grandes difficultés à en sortir. Ainsi, notre étude a révélé plusieurs cas de figure et une grande diversité dans la capacité des régions à s'adapter aux chocs économiques et financiers. Par ailleurs, notre étude montre les interdépendances spatiales qui existent entre les régions localisées à proximité et comment la résilience observée dans une région peut avoir des impacts sur les régions voisines.

La capacité des territoires à résister aux effets d'un ralentissement prolongé et de l'austérité budgétaire est devenue une question importante au niveau européen. Comme nos résultats le montrent, il semble nécessaire d'améliorer la qualité de l'administration publique. C'est d'ailleurs ce que préconise le 7ème rapport sur la Cohésion (Commission européenne, 2017). Lors de la conception de stratégies de développement efficaces (Bourdin et Ragazzi, 2018), les décideurs devraient accorder une attention particulière aux conditions susceptibles d'améliorer la résistance aux chocs et avoir en tête que celles-ci varient en fonction des régions. La logique du « one-size-fits-all » ne semble plus convenir et des approches davantage territorialisées (« placed-based policies ») doivent être promues. Il s'agit alors de prendre en compte les spécificités locales dans la conception des politiques publiques (Barca et al., 2012 ; McCann et Ortega-Argilés, 2015 ; McCann, 2015). De ce point de vue, les Fonds de la Politique de Cohésion semble remplir leur rôle en investissant – dans l'esprit de la stratégie Europe 2020 – dans l'éducation, l'accessibilité régionale et en mobilisant les actifs territoriaux pour formuler des stratégies régionales de spécialisation intelligente.

La géographie de la résilience que nous avons établie suggère que l'histoire post-crise des régions européennes est très différente de ce qui est souvent supposé. De toute évidence, même s'il existe des régions urbaines qui ont connu un grand succès dans leur capacité à résister à la crise, plusieurs régions plus faiblement développées ont aussi réussi à s'extraire de la crise. Les explications sont multiples et l'approche de ces phénomènes mérite d'être approfondie. Notre analyse rejoint les travaux de Dijkstra (2013) et suggère qu'une stratégie consistant à axer le développement national principalement sur les régions densément peuplées et disposant d'une grande métropole n'est pas la seule solution pour mieux résister aux chocs économiques. Une stratégie de développement qui cherche plutôt à investir dans le capital humain et une meilleure qualité des institutions peut conduire à une croissance économique moins volatile et potentiellement plus durable.

REFERENCES

Aiyar, M. S., & Ebeke, M. C. H. (2017). The impact of workforce aging on european productivity. International Monetary Fund.

Anselin, L., & Florax, R. (Eds.). (2012). *New directions in spatial econometrics*. Springer Science & Business Media.

Arnoult, E. (2016). Attractivité résidentielle et croissance locale de l'emploi dans les zones d'emploi métropolitaines, Rapport de recherche No. 2016-10, TEPP.

Ayar, S., Ebeke, C., & Shao, X. (2016). The impact of workforce aging on Euro area productivity. IMF Country Report, 16, 220.

Bachtler JF et Davies SS (2009) The geography of the crisis in western Europe: National and regional impacts and policy responses, In: Gorzelak G, Goh C-C (eds) *Financial crisis in Central and Eastern Europe – from similarity to diversity*. Wydawnictwo Naukowe Scholar, Warsaw

Bachtler, J., & Davies, S. (2010). The geography of the crisis in western Europe: National and regional impacts and policy responses. In *International Bank for Reconstruction and Development (2010) Financial Crisis in Central and Eastern Europe*. Scholar, Warsaw, pp. 1-12.

Baldwin, R. E., & Okubo, T. (2005). Heterogeneous firms, agglomeration and economic geography: spatial selection and sorting. *Journal of Economic Geography*, 6(3), 323-346.

Barca, F., McCann, P., & Rodríguez-Pose, A. (2012). The case for regional development intervention: place-based versus place-neutral approaches. *Journal of Regional Science*, 52(1), 134-152.

Blažek, J., & Netrdová, P. (2012). Regional unemployment impacts of the global financial crisis in the new member states of the EU in Central and Eastern Europe. *European Urban and Regional Studies*, 19(1), 42-61.

Borsi, M. T., & Metiu, N. (2015). The evolution of economic convergence in the European Union. *Empirical Economics*, 48(2), 657-681.

Boschma, R. (2015). Towards an evolutionary perspective on regional resilience. *Regional Studies*, 49(5), 733-751.

Boschma, R., Coenen, L., Frenken, K., & Truffer, B. (2017). Towards a theory of regional diversification: combining insights from Evolutionary Economic Geography and Transition Studies. *Regional Studies*, 51(1), 31-45.

Bourdin, S. (2013). Pour une approche géographique de la convergence. *L'Espace géographique*, 42(3), 270-285.

Bourdin, S. (2018). Analyse spatiale de l'efficacité des Fonds structurels européens sur la croissance régionale. *Revue d'Économie Régionale & Urbaine*, (2), 243-270.

Bourdin, S. (2019). Does the Cohesion Policy Have the Same Influence on Growth Everywhere? A GWR Approach in Central and Eastern Europe, *Economic Geography*.

Bourdin, S., & Ragazzi, E. (2018). La science régionale et la performance des politiques publiques: retour sur les méthodes d'évaluation. *Revue d'Économie Régionale & Urbaine*, (2), 225-242.

Briguglio, L., Cordina, G., Farrugia, N., & Vella, S. (2009). Economic vulnerability and resilience: concepts and measurements. *Oxford development studies*, 37(3), 229-247.

Brücker, H., & Jahn, E. J. (2011). Migration and wage-setting: reassessing the labor market effects of migration. *Scandinavian Journal of Economics*, 113(2), 286-317.

Brunsdon, C., Fotheringham, A. S., & Charlton, M. E. (1996). Geographically weighted regression: a method for exploring spatial nonstationarity. *Geographical analysis*, 28(4), 281-298.

Camagni, R., & Capello, R. (2013). Regional competitiveness and territorial capital: a conceptual approach and empirical evidence from the European Union. *Regional Studies*, 47(9), 1383-1402.

Cappelli R., Montobbio F., Morrison A. (2018). Unemployment resistance across EU regions: the role of technological and human capital, *Papers in Evolutionary Economic Geography*, 18.31, Utrecht University.

Capello, R. (2015). *Regional economics*. Routledge.

Capello, R. and Lenzi, C. (2013): Territorial Patterns of Innovation and Economic Growth in European Regions. *Growth and Change*, 44, 195-227.

Capello, R. and Lenzi, C. (2014): Spatial Heterogeneity in Knowledge, Innovation, and Economic Growth Nexus. Conceptual Reflections and Empirical Evidence. *Journal of Regional Science*, 54, 186-214.

Capello, R., & Caragliu, A. (2016). After crisis scenarios for Europe: alternative evolutions of structural adjustments. *Cambridge Journal of Regions, Economy and Society*, 9(1), 81-101.

Capello, R., Caragliu, A., & Fratesi, U. (2015). Spatial heterogeneity in the costs of the economic crisis in Europe: are cities sources of regional resilience?. *Journal of Economic Geography*, 15(5), 951-972.

Catin M., Van Huffel C. (2019). « Disparités de croissance d'emploi des aires urbaines françaises et processus de métropolisation : le rôle des fonctions métropolitaines, productives et des revenus extérieurs », *Revue d'Economie Régionale et Urbaine*, à paraître. Article tiré du colloque de l'ASRDLF d'Athènes : http://lead.univ-tln.fr/fichiers/2017-ASRDLF.pdf

Cellini, R. and Torrisi, G. (2014): Regional resilience in Italy: a very long-run analysis. *Regional Studies*, 48, 11, 1779-1796.

Charron, N., Dijkstra, L., & Lapuente, V. (2014). Regional governance matters: Quality of government within European Union member states. *Regional Studies*, 48(1), 68-90.

Charron, N., Dijkstra, L., & Lapuente, V. (2015). Mapping the regional divide in Europe: A measure for assessing quality of government in 206 European regions. Social Indicators Research, 122(2), 315-346.

Christopherson, S., Clark, G. L., & Whiteman, J. (2015). Introduction: the Euro crisis and the future of Europe. *Journal of Economic Geography*, 15(5), 843-853.

Christopherson, S., Michie, J., & Tyler, P. (2010). Regional resilience: theoretical and empirical perspectives. *Cambridge journal of regions, economy and society*, 3(1), 3-10.

Ciccone, A. (2002). Agglomeration effects in Europe. *European Economic Review*, 46(2), 213-227.

Cliff, A. D., & Ord, J. K. (1981). *Spatial processes: methods and applications*. Pion, London, UK.

Collombet, C., & Hiltunen, A. (2014). Focus–Impact de la crise sur la pauvreté et les inégalités en Europe. *Informations sociales*, (2), 26-29.

Commission européenne (2017) Ma région, mon Europe, notre futur : Septième rapport sur la cohésion économique, sociale et territoriale. Bruxelles

Creedy, J., & Disney, R. (1989). Can we afford to grow older? Population aging and social security. *European Economic Review*, 33(2-3), 367-376.

Crescenzi, R., Luca, D., & Milio, S. (2016). The geography of the economic crisis in Europe: national macroeconomic conditions, regional structural factors and short-term economic performance. *Cambridge Journal of Regions, Economy and Society*, 9(1), 13-32.

Cuadrado-Roura, J. R., & Maroto, A. (2016). Unbalanced regional resilience to the economic crisis in Spain: a tale of specialisation and productivity. *Cambridge Journal of Regions, Economy and Society*, 9(1), 153-178.

Cuadrado-Roura, J. R., & Parellada, M. (Eds.). (2013). *Regional convergence in the European Union: Facts, prospects and policies*. Springer Science & Business Media.

Di Caro, P. (2017). Testing and explaining economic resilience with an application to I talian regions. *Papers in Regional Science*, 96(1), 93-113.

Dijkstra, L. (2013). Why investing more in the capital can lead to less growth. *Cambridge Journal of Regions, Economy and Society*, 6, 251–268.

Dijkstra, L., Garcilazo, E., & McCann, P. (2015). The effects of the global financial crisis on European regions and cities. *Journal of Economic Geography*, 15(5), 935-949.

Diodato, D., & Weterings, A. B. (2014). The resilience of regional labour markets to economic shocks: Exploring the role of interactions among firms and workers. *Journal of Economic Geography*, 15(4), 723-742.

Donovan, D., & Murphy, A. E. (2013). *The fall of the Celtic tiger: Ireland and the euro debt crisis*. Oxford University Press.

Elhorst, J. P. (2010). Applied spatial econometrics: raising the bar. *Spatial economic analysis*, 5(1), 9-28.

Ertur, C., & Koch, W. (2007). Growth, technological interdependence and spatial externalities: theory and evidence. *Journal of applied econometrics*, 22(6), 1033-1062.

ESPON (2008). Territorial Dynamics in Europe - Trends in Population Development. Territorial, Observation No. 1, Luxembourg.

Eurostat (2014) National GDP and Unemployment Accounts. 15 décembre 2014

Eurostat (2016). People at risk of poverty or social exclusion by age and sex. 20 janvier 2016.

Ezcurra, R. (2011): Unemployment volatility and regional specialization in the European Union, *Regional Studies*, 45, (8), 1121-1137.

Faggian, A., Gemmiti, R., Jaquet, T., & Santini, I. (2018). Regional economic resilience: the experience of the Italian local labor systems. *The Annals of Regional Science*, 60(2), 393-410.

Farole, T., Rodríguez-Pose, A., & Storper, M. (2011). Cohesion policy in the European Union: growth, geography, institutions. JCMS: *Journal of Common Market Studies*, 49(5), 1089-1111.

Fingleton, B., & López-Bazo, E. (2006). Empirical growth models with spatial effects. *Papers in Regional Science*, 85(2), 177-198.

Fingleton, B., Garretsen, H., & Martin, R. (2015). Shocking aspects of monetary union: the vulnerability of regions in Euroland. *Journal of Economic Geography*, 15(5), 907-934.

Fingleton, B., Garretsen, H., and Martin, R. (2012): Recessionary shocks and regional employment: Evidence on the resilience of UK regions, *Journal of Regional Science* 52, (1), 109-133.

Fotheringham, A. S., Brunsdon, C., & Charlton, M. (2003). *Geographically weighted regression* (pp. 159-183). West Atrium: John Wiley & Sons, Limited.

Fotheringham, A., Charlton, M., & Demšar, U. (2009). Looking for a relationship? Try GWR. Geographic Data Mining and Knowledge Discovery CRC Press, Boca Raton, FL, USA, 227-254.

Fratesi, U., & Rodríguez-Pose, A. (2016). The crisis and regional employment in Europe: what role for sheltered economies?. *Cambridge Journal of Regions, Economy and Society*, 9(1), 33-57.

Gallup, J. L., Sachs, J. D., & Mellinger, A. D. (1999). Geography and economic development. *International regional science review*, 22(2), 179-232.

Gardiner, B., Martin, R., & Tyler, P. (2010). Does spatial agglomeration increase national growth? some evidence from Europe. *Journal of Economic Geography*, 11(6), 979-1006.

Giannakis, E., & Bruggeman, A. (2017). Economic crisis and regional resilience: Evidence from Greece. *Papers in Regional Science*, 96(3), 451-476.

Groot, S. P., Möhlmann, J. L., Garretsen, J. H., & de Groot, H. L. (2011). The crisis sensitivity of European countries and regions: stylized facts and spatial heterogeneity. Cambridge Journal of Regions, *Economy and Society*, 4(3), 437-456.

Hadjimichalis, C. (2011). Uneven geographical development and socio-spatial justice and solidarity: European regions after the 2009 financial crisis. *European Urban and Regional Studies*, 18(3), 254-274.

Holl A. (2018). Local employment growth patterns and the great recession: the case of Spain, *Journal of Regional Science*, 58(4), 837-863.

Jeanneret, A., & Chouaib, E. (2015). La crise de la dette en Europe. *L'Actualité Economique*, 91(4), 599-631.

Kattel, R. (2010). Financial and economic crisis in Eastern Europe. *Journal of Post Keynesian Economics*, 33(1), 41-60.

Lagravinese, R. (2015). Economic crisis and rising gaps North–South: evidence from the Italian regions. *Cambridge Journal of Regions, Economy and Society*, 8(2), 331-342.

LeSage, J. P., & Fischer, M. (2008). Spatial growth regressions: model specification, estimation and interpretation. *Spatial Economic Analysis*, 3(3), 275-304.

LeSage, J., & Pace, R. K. (2009). *Introduction to spatial econometrics*. Chapman and Hall/CRC.

Marelli, E., Patuelli, R., & Signorelli, M. (2012). Regional unemployment in the EU before and after the global crisis. *Post-communist economies*, 24(2), 155-175.

Martin, R., Sunley, P., and Tyler, P. (2015). Local growth evolutions: recession, resilience and recovery, *Cambridge Journal of Regions, Economy and Society*, 8: 141–148.

Martin, R., & Sunley, P. (2015). On the notion of regional economic resilience: conceptualization and explanation. *Journal of Economic Geography*, 15(1), 1-42.

Martin, R., Sunley, P., Gardiner, B., & Tyler, P. (2016). How regions react to recessions: Resilience and the role of economic structure. *Regional Studies*, 50(4), 561-585.

McCann, P. (2015). *The regional and urban policy of the European Union: Cohesion, results-orientation and smart specialisation*. Edward Elgar Publishing.

McCann, P., & Ortega-Argilés, R. (2015). Smart specialization, regional growth and applications to European Union cohesion policy. *Regional Studies*, 49(8), 1291-1302.

Milio, S., Durazzi, N., Garnizova, E., Janowski, P., Olechnicka, A., & Wojtowicz, D. (2014). Impact of the economic crisis on social, economic and territorial cohesion of the European Union. Etude pour le Parlement européen, Bruxelles.

Modica, M. and Reggiani, A. (2015): Spatial Economic Resilience: Overview and Perspectives. *Networks and Spatial Economics*, 15, 2, 211-233.

Monastiriotis, V. (2011). Making geographical sense of the Greek austerity measures: compositional effects and long-run implications. *Cambridge Journal of Regions, Economy and Society*, 4(3), 323-337.

Nistotskaya, M., & Cingolani, L. (2015). Bureaucratic structure, regulatory quality, and entrepreneurship in a comparative perspective: Cross-sectional and panel data evidence. *Journal of Public Administration Research and Theory*, 26(3), 519-534.

Nistotskaya, M., Charron, N., & Lapuente, V. (2015). The wealth of regions: quality of government and SMEs in 172 European regions. *Environment and Planning C: Government and Policy*, 33(5), 1125-1155.

OCDE (2009) Quelles actions au niveau régional face à la crise financière et économique. Réunion du comité ministériel des politiques de développement territorial.

OCDE (2011a) Les investissements publics dans les régions. Panorama des régions de l'OCDE.

OCDE (2011b) L'impact de la crise économique sur l'emploi dans les régions. Panorama des régions de l'OCDE.

OCDE (2017) Policy Paper on Economic Resilience and Structural Policies. Paris

Oliveau, S. (2010). Autocorrélation spatiale: leçons du changement d'échelle. *L'Espace géographique*, 39(1), 51-64.

Ottaviano, G. I., & Puga, D. (1998). Agglomeration in the global economy: a survey of the 'new economic geography'. *World Economy*, 21(6), 707-731.

Palaskas, T., Psycharis, Y., Rovolis, A., & Stoforos, C. (2015). The asymmetrical impact of the economic crisis on unemployment and welfare in Greek urban economies. *Journal of Economic Geography*, 15(5), 973-1007.

Próchniak, M. (2011). Determinants of economic growth in Central and Eastern Europe: the global crisis perspective. *Post-communist economies*, 23(4), 449-468.

Prskawetz, A., & Lindh, T. (2006). The Impact of Population Ageing on Innovation and Productivity Growth in Europe. Vienna Institute of Demography, Austrian Academy of Sciences. Research Report 28. Vienna.

Psycharis, Y., Kallioras, D., & Pantazis, P. (2014). Economic crisis and regional resilience: detecting the 'geographical footprint'of economic crisis in G reece. *Regional Science Policy & Practice*, 6(2), 121-141.

Rios, V. (2017). What drives unemployment disparities in European regions? A dynamic spatial panel approach. *Regional Studies*, 51(11), 1599-1611.

Rizzi, P., Graziano, P., & Dallara, A. (2018). A capacity approach to territorial resilience: the case of European regions. *The Annals of Regional Science*, 60(2), 285-328.

Rodríguez-Pose, A. (2013). Do institutions matter for regional development?. *Regional Studies*, 47(7), 1034-1047.

Rodríguez-Pose, A., & Di Cataldo, M. (2014). Quality of government and innovative performance in the regions of Europe. *Journal of Economic Geography*, 15(4), 673-706.

Rodríguez-Pose, A., and Garcilazo, E. (2015). Quality of government and the returns of investment: Examining the impact of cohesion expenditure in European regions. *Regional Studies*, 49, 8, 1274-1290.

Romocea-Turcu, C. (2009). Specialisation Et Disparites Dans L'Europe Des Regions Et Des Pays. *Regional and Sectoral Economic Studies*, Vol. 9-1, pp. 1-24

Sensier, M., Bristow, G., & Healy, A. (2016). Measuring regional economic resilience across Europe: operationalizing a complex concept. *Spatial Economic Analysis*, 11(2), 128-151.

Trendle B. (2006): Regional economic instability: The role of industrial diversification and spatial spillovers, *The Annals of Regional Science* 40 (4), 767-778.

Xiao, J., Boschma, R., & Andersson, M. (2017). Resilience in the European Union: the effect of the 2008 crisis on the ability of regions in Europe to develop new industrial specializations. *Industrial and Corporate Change*, 27(1), 15-47.

Geography of the resilience of european regions facing the crisis

Abstract – This study analyzes the geography of the resilience of European regions during the period 2008-2013. We highlight the spatial concentration of regions that have more withstood the crisis or those that have largely undergone it. Our study reveals a great diversity of regions in their resilience, whose geography does not exactly coincide with the map of metropolitan areas. Then, we identify potential determinants of the resilience of European regions by taking into account institutional, innovation, socio-demographic and labor market factors. The results suggest that regional disparities in regional resilience are mainly determined by factors such as the level of innovation, education and the quality of regional administration.

Key-words
Economic crisis
Regional growth
European Union
Spatial heterogeneity
GWR

Région et Développement
n° 48-2018

www. regionetdeveloppement.org

Les migrations résidentielles des retraités au sein de la région Provence-Alpes-Côte d'Azur

Samuel ETTOUATI*

Résumé - En 2013, en Provence-Alpes-Côte d'Azur, 18 800 retraités ont déménagé et changé de commune de résidence au sein de la région. En exploitant les données individuelles du recensement de la population de l'INSEE, cet article analyse les différents critères d'attractivité territoriale des seniors migrants et dessine leurs trajectoires résidentielles privilégiées au sein de la région. Les estimations d'un modèle de flux mettent en exergue les différences de motivations dans la mobilité des seniors selon leur âge et leur niveau d'éducation. Les jeunes retraités déménagent sur de plus longues distances et se localisent davantage dans des espaces périurbains. Ces territoires permettent aux retraités d'accéder à une meilleure qualité de vie sans rompre avec leurs habitudes de consommation antérieures, qu'ils viennent des départements alpins ou des cœurs métropolitains de Marseille, Nice ou Toulon. Parallèlement, le littoral méditerranéen disposant de services hauts de gamme et caractérisé par un foncier onéreux ne s'avère accessible qu'aux retraités les plus aisés. Les retraités plus âgés (75 ans et plus), et exposés à des risques de dépendance, se rapprochent des espaces métropolitains, dotés de logements accessibles et des infrastructures qui leurs sont dédiées, tels que des services d'aide ou d'hébergement. Avec le passage à la retraite de la génération du *baby-boom*, le développement territorialisé des infrastructures dédiées aux seniors apparaît comme un facteur d'attractivité locale des retraités de la région et un enjeu pour l'aménagement du territoire.

Classification JEL

Mots-clés
Migrations résidentielles
Retraités
Région Provence-Alpes-Côte d'Azur
Modèle de ZIP

* LEAD, Université de Toulon ; ettouati@univ-tln.fr

1. INTRODUCTION

Avec l'allongement de l'espérance de vie et le vieillissement de la génération du *baby-boom*, la France connaît une augmentation de la part des retraités et des seniors dans sa population. En 2050, selon les projections démographiques de l'INSEE, la région Sud Provence-Alpes-Côte d'Azur (PACA) comptera 1,6 million d'habitants de 65 ans ou plus contre environ un million en 2013 (Chauvot et Pougnard, 2017). Le taux de croissance de la population des seniors est de plus supérieur dans cette région à celui du reste de la France.

Les dynamiques d'installation des retraités et les équipements qui leur sont dédiés sont devenus une préoccupation des pouvoirs publics, nationaux et locaux. L'adoption en 2015 de la loi d'adaptation de la société au vieillissement vise à la prévention et à l'accompagnement des seniors dans leur perte d'autonomie mais aussi à « intégrer systématiquement la dimension du vieillissement dans les plans locaux d'habitat et de déplacement urbain » (Delaunay, 2017). La mise en place de politiques permettant de capter les retraités mobiles et de leur proposer une localisation adaptée devient un enjeu prioritaire pour certaines collectivités territoriales du fait que les seniors représentent un potentiel de marché très porteur, qualifié de *silver economy*.

Les motivations de la mobilité résidentielle des retraités sont nombreuses et diverses : des changements de situation familiale, tels que le passage à la retraite en lui-même ou le veuvage, influencent les décisions migratoires. A ces motifs s'ajoutent autant les déménagements contraints, que ce soit par la baisse des ressources ou un déclin de l'état de santé, que des mobilités choisies, liées à la quête d'un cadre de vie différent ou de services locaux et d'aménités spécifiques. Les notions d'environnement résidentiel et d'aménités territoriales deviennent, dès lors, des éléments importants d'analyse des migrations résidentielles des retraités.

L'objectif de ce travail est d'identifier et de mesurer le poids des différents facteurs territoriaux dans leur choix de mobilité résidentielle au sein de la région PACA. De ce fait, on ne s'intéresse pas aux mobilités entrantes ou sortantes de la région mais aux mobilités internes, c'est-à-dire aux caractéristiques territoriales qui vont influencer et provoquer un changement résidentiel d'un retraité habitant déjà dans la région. Cette démarche permet d'enlever le poids déterminant de certaines variables qui captent couramment l'explication des « arrivées » de retraités dans le Sud en provenance d'autres régions (par exemple, l'héliotropisme). On montre à l'inverse une différenciation du poids de certaines variables territoriales (comme la présence d'équipements publics spécifiques dédiés aux seniors) en fonction des traits individuels du migrant.

Ce travail s'appuie sur l'exploitation des données du recensement de la population française de 2014 de l'INSEE qui renseigne à la fois les caractéristiques individuelles (âge, niveau d'éducation, type de logement, composition du ménage...) des retraités mais aussi sur leurs choix résidentiels (commune de résidence actuelle et un an auparavant). Les mobilités sont considérées à l'échelle des 953 communes de la région PACA. La pertinence de ce découpage géographique se justifie par le fait que les mobilités enregistrées sont de courte distance (la moitié des retraités qui déménagent au sein de la région parcourent moins de 18 km entre la résidence d'origine et celle de destination) et que la moitié des retraités accèdent aux biens et services qui leur sont dédiés en moins de 5 minutes (Barbier et Toutin, 2016), ce qui implique une corrélation entre la localisation des services et les choix de mobilité résidentielle de cette population.

Ce travail est organisé de la façon suivante. La deuxième section propose une brève revue de la littérature sur ce sujet. La section 3 propose une analyse descriptive des migrations résidentielles des retraités dans la région PACA. Dans la section

4, le modèle empirique est présenté, permettant d'analyser les flux migratoires des retraités entre les communes de la région. La section 5 discute les résultats du modèle. La dernière section permet de conclure en termes de politiques publiques locales.

2. LA MOBILITÉ RÉSIDENTIELLE DES SENIORS : UNE REVUE DE LITTÉRATURE

Du modèle du cycle de vie de Modigliani (1963), puis de Carlino et Mills (1987) aux travaux empiriques récents cherchant à identifier les déterminants des mobilités résidentielles des seniors et leurs impacts sur les territoires (Détang-Dessandre et al., 2002 ; Roussel et al., 2005 ; Glaeser et Tobio, 2007 ; Schaffar et al., 2018), une vaste littérature cherche à étudier les migrations des retraités.

Un premier volet des travaux récents sur ce sujet met en évidence le rôle des caractéristiques individuelles, telles que l'âge et le revenu, dans la probabilité de migrer et dans le choix de localisation des retraités (Schaffar et al., 2018). Caradec (2010) distingue deux types de mobilité des seniors : voulue ou contrainte. La première peut être qualifiée de mobilité choisie, et intervient souvent aux premiers âges de la retraite. En effet, selon Baccaïni (2007), le passage à la retraite marque un tournant dans la vie d'un individu qui peut l'inciter à déménager. Souvent libérés de responsabilités familiale et professionnelle, les retraités, lorsqu'ils décident de migrer, sont plus enclins à parcourir une longue distance que les actifs (Zaninnetti, 2011). Cette migration les rapproche souvent d'aménités locales naturelles, comme l'ensoleillement et le littoral, ou d'équipements qui leurs sont dédiés, que ce soit dans le domaine social, médical ou culturel (Schaffar et al., 2018).

Pour les retraités les plus aisés, leurs revenus du travail antérieurs leur permettent de s'installer dans des territoires où les prix fonciers sont élevés, en particulier dans les espaces à forte attractivité touristique. Chevrier et Darris (2009) mettent en avant le phénomène de double résidence chez les retraités aisés. Même si le coût au maintien de deux résidences est important, l'intérêt est multiple : maintenir la continuité du train de vie et des habitudes du quotidien lors du passage à la retraite, bénéficier des offres de consommation d'aménités différentes de deux territoires et maintenir le stock de capital social et affectif constitué précédemment (Nowik et Thalineau, 2008 ; Masson, 2015). A l'inverse, les retraités les moins aisés disposent de moins de choix, ce que Schaffar et al. (2018) qualifient de double inégalité de localisation : la première intervient lors de la vie active (pouvoir choisir ou pas son lieu de travail) et la deuxième durant la retraite (pouvoir choisir ou pas son lieu de retraite).

La mobilité qui peut être qualifiée de mobilité subie ou contrainte apparaît comme une conséquence de la baisse des revenus ou de la perte d'autonomie, de la dégradation de l'état de santé ou du décès du conjoint. Ce type de changement résidentiel intervient essentiellement dans un âge avancé de la retraite (Harzo et Bonnal, 2009). La mobilité devient un choix non souhaité par la personne âgée, un facteur d'angoisse avec la perte de repères, et accroît le sentiment de vulnérabilité du senior (Bouisson, 2008). Les territoires concernés par ces mobilités sont dotés de logements accessibles aux retraités (Christel, 2006) ou d'établissements d'hébergement pour personnes âgées dépendantes (EHPAD).

Un deuxième volet de la littérature met en avant l'influence des caractéristiques territoriales sur les déplacements des seniors. Avec son passage à la retraite, puis le vieillissement, la demande de biens et de services d'un individu évolue, en particulier dans les domaines médicaux et sociaux (Détang-Dessandre et al., 2002), mais aussi dans le domaine culturel. Aux États-Unis, la forte croissance des migrations résidentielles des seniors dans la *Sun Belt* a favorisé l'apparition d'espaces spécialisés dans les activités exclusivement orientées vers les personnes âgées, dits *Active Adults Communities* (AACs) (Findlay, 1993 ; Glaeser et Tobio, 2007 ; Pihet et

Virot-Durandal, 2009). De façon similaire, en France, depuis la fin des années 1990, de nombreux logements dédiés spécifiquement aux seniors, allant des habitats classiques aux EHPAD, sont construits dans certains territoires (Argoud, 2014 ; Nowik, 2014). Ces résidences, bâties à l'initiative de promoteurs privés ou d'acteurs publics locaux, offrent un certain nombre de services et un environnement en adéquation avec les besoins des seniors. Chaudet et Madoré (2017) montrent qu'en France, ces équipements sont essentiellement localisés dans les centres urbains et dans des territoires dotés d'aménités particulières, et que le vieillissement général de la population favorise le développement d'un marché des seniors en pleine expansion, capté par les AACs.

3. LA MOBILITÉ RÉSIDENTIELLE DES RETRAITÉS AU SEIN DE PACA

En 2014, 1 195 000 retraités vivent en Provence-Alpes-Côte d'Azur (PACA) ; soit 38 habitants au km^2 et ils représentent 25 % de la population résidente (INSEE, 2014). La figure 1 montre l'hétérogénéité de leur répartition sur le territoire. Les trois quarts des retraités se concentrent à proximité du littoral ou du couloir rhodanien. A elles seules, les trois communes de Marseille, Nice et Toulon comptent un quart des retraités de la région. Toutefois, lorsqu'on observe la part des retraités dans la population communale résidente, ce sont les communes rurales des Alpes-de-Haute-Provence et des Hautes-Alpes qui s'affichent en tête, avec des taux avoisinant 30%.

La figure 1 permet de visualiser le solde migratoire infra-régional de retraités durant l'année 2013 pour chaque commune de PACA. Durant cette année, 18 800 retraités (1,6% de la population totale des retraités de PACA) ont déménagé et changé de commune de résidence. Les territoires d'accueil privilégiés sont les périphéries des grandes agglomérations régionales. Les communes métropolitaines proprement dites sont généralement déficitaires dans ces échanges. A côté de cette grande tendance de périurbanisation des retraités, on observe également une attractivité croissante des départements alpins du nord de la région vis-à-vis de ceux du littoral.

La propension à migrer des retraités évolue en fonction de leur âge. Les différentes transitions dans leur cycle de vie les incitent à déménager pour ajuster le coût de leur logement à l'évolution de leur revenu ou à la perte du conjoint. L'essentiel des migrations de seniors au sein de PACA a lieu dans les premières années suivant le passage à la retraite : 27 % des retraités mobiles ont moins de 65 ans (figure 2); à l'instar des observations sur les « jeunes » retraités, la propension à migrer croît également pour les seniors au-delà de 85 ans (18% des mobilités internes des retraités). La dépendance représente un risque de vulnérabilité croissant avec l'âge et génère de nombreuses mobilités vers des maisons de repos, voire des EHPAD[1]. Alors que ces foyers n'abritent que 4 % des seniors de la région, ils accueillent 22 % des retraités mobiles au sein de PACA en 2013. Les seniors les plus à même d'effectuer un choix résidentiel dans un foyer sont les plus exposés à la précarité, à savoir ceux ayant perdu leur conjoint, les individus non propriétaires ou n'ayant pas accès à une location (figure 3). Les EHPAD attirant les flux les plus importants de seniors sont ceux de Toulon, de la Valette-du-Var et de Pertuis et les seniors qui s'y dirigent proviennent essentiellement de Nice et de Marseille.

Les retraités mobiles se répartissent inégalement au sein du territoire, accentuant ou ralentissant le vieillissement de la population. A Nice, les retraités « entrants » sont en moyenne 5 ans plus jeunes que ceux qui la quittent ; c'est l'inverse à Avignon, tandis que la différence d'âge n'est pas significative à Marseille et Toulon.

---

1 Logements dits « non ordinaires » dans le recensement de la population.

Figure 1. Densité de retraités par commune, part des résidents et mobilités infrarégionales

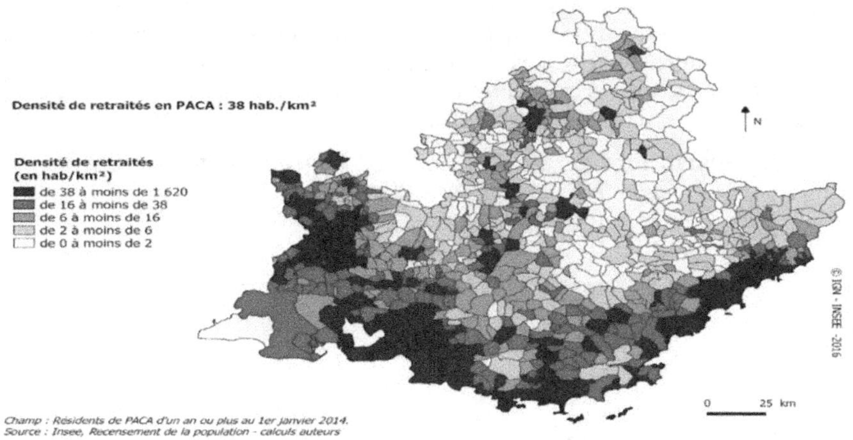

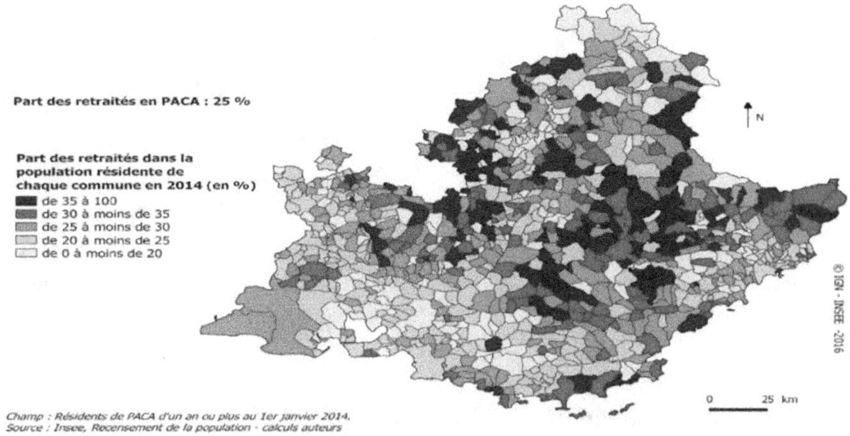

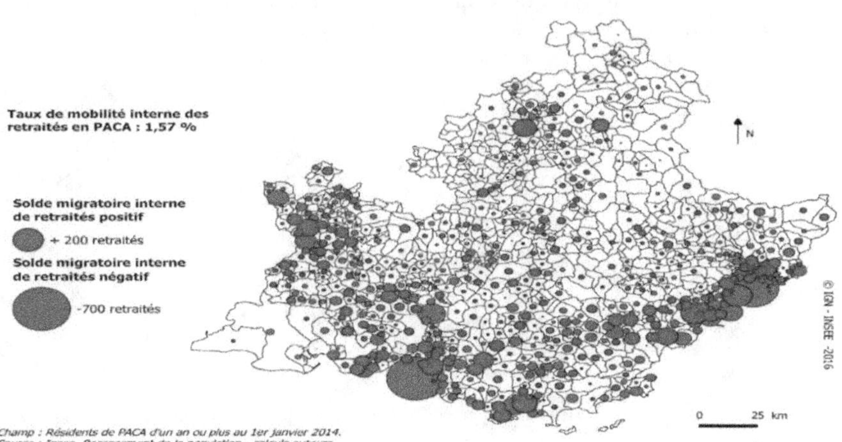

Enfin, le niveau de revenu semble différencier fortement les choix résidentiels et migratoires des retraités, dont la demande en matière d'habitat et de loisirs s'inscrit souvent en continuité avec leur vie active antérieure. Ne disposant pas d'informations sur les revenus individuels dans les recensements de l'INSEE, on distingue les retraités en fonction de leur niveau d'éducation, à savoir s'ils sont diplômés ou pas du supérieur. Les retraités diplômés du supérieur sont nettement plus présents au sein de la population mobile : ils représentent 20 % des migrations internes totales dans la région PACA.

Figure 2. Répartition des retraités de PACA migrants et non-migrants par tranche d'âge

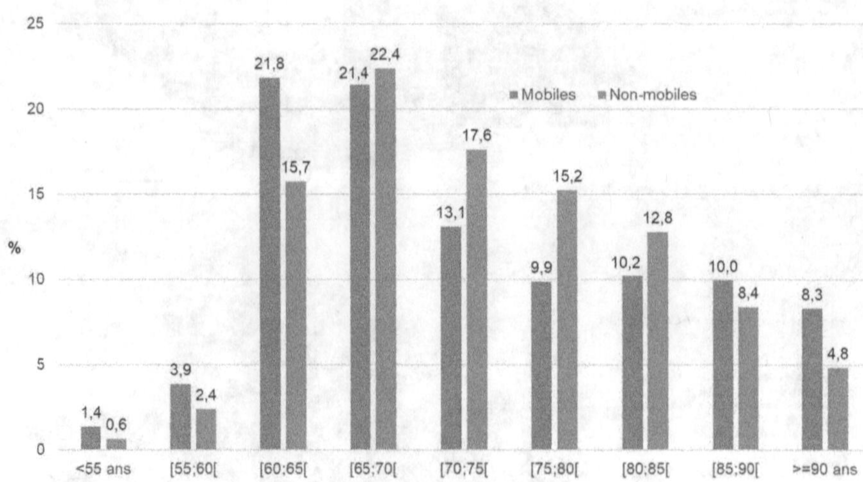

Note de lecture : 1,4 % des retraités de PACA ayant changé de commune au sein de la région ont moins de 55 ans. 0.6 % des autres ont moins de 55 ans.
Source : Insee, Recensement de la population – Calcul de l'auteur.

Figure 3. Répartition des retraités de PACA en 2013 selon le type de ménage et de logement

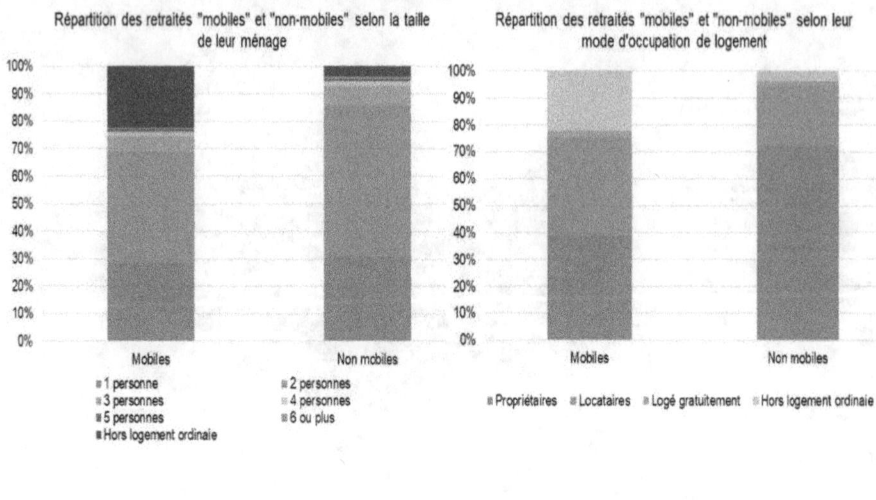

4. UN MODÈLE DE FLUX POUR ÉTUDIER LES MIGRATIONS DES RETRAITÉS

Les modèles empiriques traditionnellement utilisés pour analyser les facteurs de la mobilité interne sont de type *probit univarié,* pour expliquer la décision de migrer d'un individu (Courgeau, 1984 ; Schaffar et al., 2018*)*, ou *logit multinomial,* dans le but de distinguer les déterminants des migrations de courte et de longue distance (Gobillon, 2001). Ces modèles présentent l'avantage de contrôler les effets des caractéristiques individuelles, en testant simultanément l'effet de l'âge de l'individu, de son sexe, de son type d'activité, de son lieu de naissance, du montant et sources de ses revenus sur la propension à migrer. L'utilisation de modèles *nested logit* (Kim et al., 2005) permet de différencier l'analyse des deux étapes du processus de mobilité : la décision de quitter son territoire d'abord et le choix du lieu d'installation ensuite. Bien qu'efficaces, ces modèles sont sujets à certaines critiques méthodologiques : la prise en compte simultanée des caractéristiques des lieux d'origine et de destination déprécie les estimations du fait que pour les non-migrants, soit pour plus de 98 % des retraités de PACA, ces lieux sont identiques.

En admettant comme variable dépendante les flux de migrations Y_{od} entre deux localités *o* et *d*, on retient dans ce travail l'hypothèse de Baccaïni et Pumain (1998) et Grimmeau (1994) selon laquelle la distribution des flux de migration suit une loi de Poisson. Dès lors, le modèle explicatif de l'ensemble des migrations de l'origine *o* vers la destination *d* (avec *o≠d)* s'écrit :

$$\ln(Y_{od}) = \beta + \gamma.\ln(D_{od}) + \beta_o.X_o + \beta_d.X_d \qquad (1)$$

avec D_{od} la distance entre les zones *o* et *d* ; X_o, X_d respectivement les vecteurs des variables descriptives des communes d'origine et de destination. Les coefficients β_o et β_d s'interprètent comme des élasticités de l'attractivité de *d* depuis *o*.

Ce modèle est appliqué à différents types de retraités répartis selon deux critères : leur âge (en distinguant les retraités de moins de 75 ans et ceux de 75 ans ou plus), et leur niveau de capital humain (ayant un diplôme du supérieur ou pas). Le modèle permettant d'étudier les flux de migrations entre deux territoires pour une catégorie donnée *i* d'individus, en tenant compte, des déterminants territoriaux s'écrit :

$$\ln(Y_{odi}) = \beta + \beta_i.X_i + \gamma.\ln(D_{od}) + \beta_o.X_o + \beta_d.X_d \qquad (2)$$

Dans le modèle (2), Y_{odi} est le flux de migration entre deux communes pour une catégorie donnée *i* d'individus, et X_i l'ensemble d'indicateurs déterminant *i*.

Au cours de l'année 2013, 1,6 % de la population étudiée a déménagé et changé de commune. Sur une courte période, la mobilité entre communes concerne une minorité d'individus et 90 % des triplets (*o,d,i*) ne comptent aucun flux de population. L'utilisation d'un modèle de Poisson « ordinaire » devient limitée par ce nombre excessif de 0. Pour corriger ce biais de surdispersion, Cameron et Trivedi (2013) proposent d'user d'un modèle *Zero-Inflated Poisson* (ZIP). La densité de probabilité utilisée par le ZIP pour estimer la valeur des paramètres par maximum de vraisemblance est un mélange d'une masse ponctuelle en 0 et d'une distribution de Poisson. Formellement cette densité s'écrit :

$$F_{ZIP}(Y_{odi}) = P(Y_{odi} = 0).I_{\{Y_{odi}=0\}} + (1 - P(Y_{odi} = 0)).F_{Poisson}(Y_{odi})$$

avec I fonction indicatrice et $F_{Poisson}$ densité d'une loi de Poisson. La probabilité $P(Y_{odi} = 0)$ est estimée par un modèle *probit* (voir en annexe). En utilisant cette loi de probabilité, le modèle s'écrit alors :

$$\begin{cases} \ln(Y_{odi}) = \beta + \beta_i.X_i + \gamma.\ln(D_{od}) + \beta_o.X_o + \beta_d.X_d \\ probit(P(Y_{odi} = 0)) = \alpha + \alpha_i.X_i + \theta.\ln(D_{od}) + \alpha_o.X_o + \alpha_d.X_d \end{cases} \quad (3)$$

Le modèle (3) s'avère bien plus efficace que le modèle (2), le critère d'information d'Akaike atteint 51 362 pour l'estimation de l'équation (3) contre 129 429 pour l'équation (2). Puis, dans un souci d'interprétation, des variables d'interactions entre X_o, X_d *et* X_i sont ajoutées à la première équation du modèle (3) pour étudier les différences d'attractivité territoriales entre les populations.

Plusieurs critères d'attractivité territoriale des retraités migrants sont retenus : les caractéristiques sociodémographiques d'une commune, ses aménités environnementales et sociales, son parc, la présence d'équipements dédiés aux seniors. Le tableau 1 fournit les statistiques descriptives sur les variables territoriales utilisées. Toutes sont mesurées sur des périodes antérieures à 2013 afin d'éliminer tout biais de rétroaction.

Tableau 1. Statistiques des variables descriptives des communes de Provence-Alpes-Côte d'Azur

Code	Variables	Min	Médiane	Moyenne	Max	Ec. type	VIF
P_RET	Part des retraités dans la population de la commune en 2009 (en %)	0,00	29,79	31,17	100,00	9,72	1,10
PLOGCOL	Part des logements collectifs dans le parc de logement en 2012 (en %)	0,00	11,04	14,29	74,37	12,03	2,03
DLITTOUR	Densité de lits touristiques en 2012 (en lits/km²)	0,00	0,48	5,87	307,60	18,93	1,38
THAB	Taxe d'habitation de la commune en 2012 (en %)	0,01	11,89	12,34	34,13	4,90	1,23
REVMED	Revenu disponible des ménages médian en 2012 (en euros)	10410	19070	19400	33980	2485,23	1,35
DIST_LIT	Distance minimale à une commune du littoral (en km, à vol d'oiseau)	0,00	46,15	55,01	168,00	41,77	1,85
ENSOL	Ensoleillement annuel (en nombre d'heures)	2439	2668	2663	2801	127,19	1,37
CULTLOIS	Nombre d'emplois dans les fonctions de culture-loisirs en 2012	0,00	5,12	48,86	9345,00	350,36	1,84
EQUIPSEN	Équipements exclusivement dédiés aux personnes âgées en 2009	0,00	0,00	1,51	161,00	6,34	1,33

Sources : Insee, Recensement de la population, SIRENE, Base Permanente des équipements – Ministère des comptes publics – DGFiP – Météo France – Observatoire du littoral.
Note : VIF : facteur d'inflation de variance. Pour le calcul du VIF, la densité de lits touristiques, le revenu médian, le nombre d'heures d'ensoleillement, la distance à un littoral et les emplois dans les fonctions culture-loisirs sont passés en log et les valeurs nulles à 0,01.

Le poids de la population retraitée dans la population résidente de la commune (P_RET) permet d'identifier l'effet d'attractivité des territoires auprès d'autres retraités. La concentration de retraités conditionne l'organisation territoriale de certains espaces, via le développement de services et/ou d'aménités qui leur sont spécifiquement destinés. Le nombre d'infrastructures spécifiques dédiées aux retraités par commune, calculé à partir de la Base Permanente des Équipements, rassemble un panier d'équipements orientés en totalité vers cette population (Barbier et Toutin, 2016), tels que les soins à domicile, les services d'aides, les foyers restaurants et les services de repas à domicile (EQUIPSEN).

De la même façon on peut identifier un ensemble d'activités culturelles et d'activités de loisirs (CULTLOIS), privilégiées par les retraités, parmi lesquelles figurent certaines activités particulières comme les casinos. Les communes de la région Provence-Alpes-Côte d'Azur jouissent de nombreuses aménités intrinsèques, non-rivales, non-exclusives, propices à l'attractivité des seniors et témoins de la richesse de son patrimoine naturel, telles que l'ensoleillement (ENSOL), un littoral méditerranéen (DIST_LIT) de 800 km ou des espaces protégés dont 5 parcs naturels nationaux (Arrighi et Verdeau, 2016). Sa situation géographique, entre mer et montagnes, rapproche les espaces urbanisés de ceux offrant une grande qualité de vie et constitue un avantage concurrentiel pour attirer de nouveaux résidents ou de nombreux touristes.

La densité de lits touristiques (DLITTOUR) permet de mesurer l'attractivité globale de ces espaces et montre, en même temps, le poids de l'activité présentielle. Néanmoins, cette attractivité peut aussi impliquer une certaine difficulté d'accès à un logement, avec un marché immobilier rigide et des prix fonciers élevés. (par exemple, de Toulon à Menton, sur les communes du littoral, les résidences secondaires rassemblent 50 % du parc de logement, cf. Arrighi et Durieux, 2016). Or le logement occupe une place déterminante dans le maintien des activités d'un retraité, de ses relations sociales et de l'accessibilité aux services. Face à la diminution de ses revenus, de la taille de son ménage, ou la perte de son autonomie, un retraité est incité à déménager pour la quête d'un logement en adéquation avec ses attentes et ses ressources. Il privilégie ainsi souvent les petits logements, en location (Gobillon et Wolff, 2010), les appartements avec un coût d'usage et de maintien faible (PLOGCOL), soumis à un faible taux d'imposition et mesuré via la taxe d'habitation (THAB).

5. RÉSULTATS : LES LEVIERS TERRITORIAUX D'ATTRACTIVITÉ DES RETRAITÉS AU SEIN DE LA RÉGION PACA

Les estimations du modèle empirique sur les flux de migration interne des retraités dans la région PACA mettent en évidence des différences significatives de comportement entre les retraités de moins de 75 ans et les retraités plus âgés, mais aussi entre ceux disposant d'un niveau d'éducation élevé et ceux ayant un niveau d'éducation plus faible. Les estimations des effets marginaux sur les flux de migration sont détaillées dans le tableau 2.

• Pour les « jeunes » retraités mobiles, la présence d'une proportion importante de seniors dans une commune est un important facteur d'attraction et de renouvellement de la population de retraités, indépendamment de leur niveau d'éducation. Une part importante de retraités dans une commune est corrélée à de plus fortes arrivées de retraités de moins de 75 ans et, à l'inverse, à davantage de départs de retraités plus âgés. Les choix d'installation des jeunes retraités s'orientent plutôt vers les espaces périurbains de Nice, de Marseille ou de Toulon qui sont plus adaptés à leur nouveau cadre de vie. Ces espaces offrent un certain « esprit village » à ceux provenant des espaces ruraux, tout en permettant de maintenir le train de vie et les habitudes de consommation antérieures s'ils sont issus des cœurs urbains.

Les aménités naturelles sont souvent citées comme un levier à la mobilité des retraités en Provence-Alpes-Côte d'Azur. La qualité de vie en PACA est fortement liée à son littoral méditerranéen et à son ensoleillement tout au long de l'année. L'absence de significativité de la variable ENSOL dans l'attractivité des retraités de moins de 75 ans s'explique par les faibles différences dans le degré d'ensoleillement entre les communes de PACA. Pour DIST_LIT, l'éloignement du littoral peut être aussi synonyme de recherche d'autres aménités naturelles comme les parcs naturels de la région. De ce fait, autant ces variables jouent un rôle fondamental dans l'arrivée des retraités en provenance d'autres régions, autant elles n'influencent pas significativement les migrations internes à la région.

Contrairement à ce que l'on pouvait attendre, l'offre de services de loisirs et d'activités culturelles a un effet négatif sur la migration des retraités de moins de 75 ans. Non seulement ceux-ci ne sont pas attirés par les territoires pourvus de ce type de services mais peuvent même les fuir du fait que ces espaces sont convoités également par d'autres catégories de population. Une autre explication est liée au fait que les communes avec une offre importante d'activités culturelles sont les communes métropolitaines que les individus quittent le plus lors de l'arrivée à l'âge de la retraite. L'installation à proximité d'un centre urbain peut aussi leur permettre de continuer à bénéficier de ces aménités.

Tableau 2. Estimation des effets marginaux du modèle de Zero-Inflated Poisson

	Moins de 75 ans et non diplômé du sup.		Moins de 75 ans et diplômé du sup.		75 ans ou plus et non diplômé du sup.		75 ans ou plus et diplômé du sup.	
Effet fixe individu	8,627	**	-11,449	***	-12,111	**	-34,245	***
log(D*od*)	-0,198	***	-0,080	***	-0,273	***	-0,150	***
Caractéristiques de la commune de destination des flux								
P_RET	0,007	**	0,007	**	-0,003	n.s	-0,011	**
REVMED (en log)	-0,050	n.s	0,468	**	0,617	***	0,535	***
PLOGCOL	-0,005	***	0,001	n.s	0,008	***	0,011	***
THAB	0,001	n.s	-0,004	n.s	-0,006	n.s	-0,015	n.s
DLITTOUR (en log)	0,011	**	0,010	*	0,016	**	0,022	**
DIST_LIT (en log)	0,017	n.s	0,006	n.s	0,059	***	0,137	***
ENSOL (en log)	0,358	n.s	0,384	n.s	0,383	n.s	0,336	n.s
CULTLOIS (en log)	-0,011	n.s	-0,033	**	-0,044	***	-0,191	***
EQUIPSEN	0,004	***	0,002	**	0,005	***	0,004	***
Caractéristiques de la commune d'origine des flux								
P_RET_1	0,012	***	0,010	**	0,014	***	0,005	n.s
REVMED_1 (en log)	-0,117	n.s	0,164	n.s	-0,315	**	-0,328	**
PLOGCOL_1	0,006	***	0,007	***	0,005	***	0,004	*
THAB_1	-0,005	n.s	-0,008	n.s	-0,012	n.s	-0,018	n.s
DLITTOUR_1 (en log)	0,001	n.s	0,004	n.s	0,007	n.s	0,056	***
DIST_LIT_1 (en log)	-0,036	**	0,029	n.s	-0,002	n.s	0,003	n.s
ENSOL_1 (en log)	0,942	n.s	0,973	n.s	0,985	n.s	0,930	n.s
CULTLOIS_1 (en log)	0,020	**	-0,006	n.s	0,028	**	-0,063	***
EQUIPSEN_1	0,001	***	0,002	***	0,003	***	0,004	***
N	3 629 024							
AIC	51 362							

*Note : *** significatif à 1 %, ** à 5 %, * à 10 %, n.s. non significatif. Les variables décrivant la commune d'origine des flux portent le suffixe "_1".*

Enfin, en ce qui concerne les jeunes retraités, une différence significative apparait entre ceux qui disposent d'un capital humain élevé et ceux qui ont un capital humain plus faible, lorsqu'on considère les indicateurs socioéconomiques de la commune. Les jeunes retraités avec un niveau d'éducation élevé accèdent davantage aux communes où le revenu médian est élevé, et de surcroît les prix fonciers. Ils sont indifférents à la présence de logements dédiés aux seniors et ils sont moins sensibles à la présence d'équipements collectifs. A l'inverse, les jeunes retraités ayant un niveau d'éducation plus faible évitent les communes à revenu médian élevé et s'avèrent très sensibles à la présence d'équipements spécifiques et de logements dédiés aux seniors dans leur choix de localisation.

• Au-delà de 75 ans, les déterminants de la mobilité résidentielle des retraités au sein même de la région PACA varient significativement. Un état de santé déclinant et/ou le décès du conjoint accentuent la perte d'autonomie physique et pécuniaire d'un individu. Sa demande de biens et de services d'aide à domicile, d'hébergement spécifique, d'assistance dans le domaine médical s'accroît. Cette situation peut inciter l'individu retraité à déménager et à choisir un nouveau lieu de résidence selon d'autres critères que des retraités moins âgés.

A l'inverse des retraités de moins de 75 ans, les territoires métropolitains proches du littoral constituent une destination privilégiée des retraités les plus âgés. Conséquence de sa perte d'indépendance, un senior cherche à s'installer dans des communes offrant une accessibilité accrue à l'ensemble des biens et services du quotidien. Contrairement aux jeunes retraités, les différences de niveau d'éducation ne jouent pas un rôle significatif, ce qui signifie que durant la dernière période de leur vie, les retraités affichent les mêmes besoins et les mêmes choix de localisation, indépendamment de leurs caractéristiques individuelles.

De ces constats semble se dessiner une trajectoire résidentielle spécifique des retraités de PACA. Au début de leur retraite, la mobilité semble davantage motivée par la volonté de se localiser dans un espace riche en aménités environnementales et culturelles mais aussi pour maintenir leurs habitudes de consommation. Les espaces périurbains constituent alors des territoires d'accueil privilégiés. En vieillissant et avec la dépendance physique croissante, la mobilité s'apparente davantage à un déménagement contraint. Ces retraités privilégient des espaces urbains, denses en équipements de services et d'aides exclusivement dédiés aux seniors, mais aussi en logements accessibles.

6. CONCLUSION

Le choix du lieu de résidence des retraités est devenu un enjeu important en matière de développement économique local, vu le vieillissement de la population française. Ce travail propose d'examiner les choix de migration interne et de localisation des retraités dans la région PACA, en s'appuyant sur un modèle de Poisson *zero-inflated* appliqué sur les données du recensement général de l'INSEE de 2014. Plusieurs conclusions peuvent être dressées.

En premier lieu, les comportements migratoires diffèrent selon l'âge des retraités et leur niveau de vie. Chez les retraités de moins de 75 ans, les choix de mobilité résidentielle ne sont pas les mêmes selon qu'ils disposent d'un niveau d'éducation élevé ou pas. Les premiers sont moins sensibles à la présence d'équipements collectifs et accèdent plus aisément aux territoires où les revenus des résidents et les prix fonciers sont élevés. Chez les retraités de plus de 75 ans, les comportements migratoires sont davantage fonction de la vulnérabilité et de la dépendance de la personne. Pour cette catégorie de seniors, les logements et les équipements dédiés influencent plus leurs choix de localisation.

En second lieu, apparaît l'itinéraire résidentiel des retraités au sein de la région. Ces derniers privilégient aux premiers âges de la retraite les espaces périurbains, qu'ils viennent des territoires ruraux ou des cœurs urbains, dans une quête de maintien de leur mode de vie. Puis, avec le vieillissement, les retraités, quel que soit leur niveau d'éducation, se rapprochent des territoires métropolitains pour bénéficier de la plus grande densité en infrastructures qui leur sont dédiées.

Différents types de communes se distinguent ainsi par leur degré d'attractivité pour les retraités dans la région, en fonction du type et du groupe de seniors. Notamment, les retraités de plus ou de moins de 75 ans réagissent différemment aux caractéristiques des territoires d'origine et de destination et seront différemment sensibles aux politiques d'attractivité mises en place. Certaines collectivités territoriales vont chercher à attirer de jeunes retraités pour susciter une demande d'activités présentielles pouvant dynamiser l'activité locale ; d'autres collectivités vont plutôt mettre en place des politiques locales en faveur des retraités plus âgés avec un développement territorialisé des infrastructures dédiées aux seniors.

REFERENCES

Argoud D., 2014, Les nouvelles formes d'habitat pour personnes âgées : approche socio-historique d'une innovation, In Nowik L., Thalineau A., *Vieillir chez soi. Les nouvelles formes du maintien à domicile*. Rennes : Presses universitaires de Rennes, p. 47-59.

Arrighi J-J., Durieux S., 2016, Le logement, entre contraintes touristiques et concurrence touristique, *Insee Dossier, Provence-Alpes-Côte d'Azur parmi les nouvelles régions françaises*, n°4, p. 17-22.

Arrighi J-J., Verdeau A., 2016, Un patrimoine naturel exceptionnel à protéger, *Insee Dossier, Provence-Alpes-Côte d'Azur parmi les nouvelles régions françaises*, n°4, p. 13-16

Baccaïni B., 2007, Les flux migratoires interrégionaux en France depuis cinquante ans, *Population*, vol. 62, p. 143-160.

Baccaïni B., Pumain D., 1998, Les migrations dans le système des villes françaises de 1982 à 1990 », Population, vol. 53, n°5, pp. 947-977.

Barbier M., Toutin G., 2016, L'accès aux services : une question de densité de territoires, *Insee Première*, n°1579.

Buisson J., 2008, *Le syndrome de vulnérabilité*, Paris, Lavoisier, 124 p.

Cameron A.C., Trivedi P.K., 2013, *Regression analysis of count data*, Econometric society monographs, Second Edition, Cambridge.

Carlino G. A., Mills E. S., 1987, The determinants of county growth, *Journal of Regional Science*, vol. 27, n°1, p. 39-54.

Caradec V., 2010, Les comportements résidentiels des retraités. Quelques enseignements du programme de recherche 'Vieillissement de la population et habitat', *Espaces populations sociétés*, OpenEdition.

Chaudet B., Madoré F., 2017, Intégration spatiale des résidences avec services seniors en France : stratégies d'implantation et de diffusion, *L'Espace géographique*, n°46, p. 41-60.

Chauvot N., Pougnard J., 2017, Provence-Alpes-Côte d'Azur : Un million de 75 ans ou plus d'ici 2050, *Insee Analyse de Provence-Alpes-Côte d'Azur*, n°47, 4 p.

Chauvot N., Pougnard J., 2017, Population dans les territoires : Croissance contrastée et vieillissement généralisé à l'horizon de 2030, *Insee Analyse de Provence-Alpes-Côte d'Azur*, n°55, 4 p.

Chevrier S., Darris G., 2009, *Les résidents secondaires à l'âge de la retraite*, Harmattan, 152 p.

Christel V., 2006, Trajectoires résidentielles des personnes âgées, *Logement, Données Sociales – la société française*, p. 525-529

Courgeau D., 1984, Relations entre cycle de vie et migrations, *Population*, vol. 39, n°3, p. 483-513

Delaunay M., 2017, Loi d'adaptation de la société au vieillissement : un pas pour la transition démographique, *Les Tribunes de la santé*, n°54, p. 79-84.

Detang-Dessendre C., Piguet V., Schmitt B., 2002, Les déterminants micro-économiques des migrations urbain-rural : leur variabilité en fonction de la position dans le cycle de vie, *Population*, vol.57, n°1, p. 35-62.

Findlay J.M., 1993, *Magic Lands. Western Cityscapes and American Culture After 1940*, Berkeley: University of California Press, 394 p.

Glaeser E., Tobio K., 2007, The rise of the Sunbelt, *Southern Economic Journal*, vol.74, n°3, p. 610-643.

Gobillon L., 2001, Emploi, lodgement et mobilité résidentielle, Économie et Statistiques, n°349-350, p. 77-98.

Gobillon L., Wolff J-F., 2010, Housing and location choices of retiring households: Evidence from France, *Urban Studies*, vol. 48, n°2, p. 331-347

Grimmeau J-P., 1994, Le modèle gravitaire et le facteur d'échelle. Application aux migrations intérieures de Belgique 1989-1991, *Espace, populations, sociétés, Les migrations internes*, p. 131-141.

Harzo C., Bonnal V., 2009, Le rôle du parc locatif dans le logement des personnes âgées modestes, *Observatoire Social de Lyon, rapport pour le Plan urbanisme, construction, architecture (Puca)*.

Kim J.H., Pagliara F., Preston J., 2005, The intention to moveand residential location choice behaviour, *Urban Studies*, vol. 42, n°9, p. 1621-1636

Masson A., 2015, L'épargnant propriétaire face à ses vieux jours, *Revue française d'économie*, p.129-177.

Modigliani F., Ando A., 1963, The 'life-cycle' hypothesis of saving: aggregate implications and tests, *American Economic Review*, vol. 53, n°1, p. 55-84.

Nowik L., 2014, Habitats intermédiaires : de quoi parle-t-on? , In Nowik L., Thalineau A., *Vieillir chez soi. Les nouvelles formes du maintien à domicile.* Rennes : Presses universitaires de Rennes, p. 23-46.

Nowik L., Thalineau A., 2008, Mobilités résidentielles et maintien à domicile des personnes âgées de 75 à 85 ans, *rapport pour le Plan urbanisme, construction, architecture (Puca).*

Roussel V., Vollet D., Herviou S., 2005, La géographie du vieillissement en France : Quand les vieux des villes remplacent les jeunes des villages, *Population & Avenir*, n°675, p. 15-17.

Pihet C., Viriot Durandal J-P., 2009, Migrations et communautarisation territoriales des personnes âgées aux Etats-Unis, *La Documentation française, Retraite et Société*, n°59, p. 139-161.

Schaffar A., Dimou M., El Mouhoud M., 2018, The determinants of elderly migration in France, *Papers in Regional Science*, https://doi.org/10.1111/pirs.12374

Zaninneti J-M., 2011, Les retraités en France. Des migrations pas comme les autres, *Population & Avenir*, n°703, p. 4-20.

ANNEXE

Estimation du probit de $P(Y_{odi} = 0)$ du modèle de ZIP

Constante	61,38	***
Moins de 75 ans et non diplômé du supérieur	Référence	
Moins de 75 ans et diplômé du supérieur	1,24	***
75 ans ou plus et non diplômé du supérieur	0,45	***
75 ans ou plus et diplômé du supérieur	2,30	***
log(D*od*)	1,66	***
Caractéristiques de la commune de destination		
P_RET	-0,04	***
log(REVMED)	1,02	***
PLOGCOL	-0,03	***
THAB	-0,02	***
log(DLITTOUR)	-0,07	***
log(DIST_LIT)	-0,09	***
log(ENSOL)	-4,01	***
log(CULTLOIS)	-0,29	***
EQUIPSEN	-0,01	***
Caractéristiques de la commune d'origine		
P_RET_1	-0,02	***
log(REVMED_1)	0,50	***
PLOGCOL_1	-0,02	***
THAB_1	-0,03	***
log(DLITTOUR_1)	-0,05	***
log(DIST_LIT_1)	0,01	***
log(ENSOL_1)	-4,99	***
log(CULTLOIS_1)	-0,26	***
EQUIPSEN_1	-0,01	***

*Note : *** significatif à 1 %, ** significatif à 5 %, * significatif à 10 %, n.s. sinon. Les variables décrivant la commune d'origine des flux portent le suffixe _1.*

Residential migration of retirees in the Provence-Alpes-Côte d'Azur region

Abstract - In 2013, 18,800 retirees from Provence-Alpes-Côte d'Azur moved and changed location within the region. By using individual data from the INSEE population census, this article highlights the different criteria of territorial attractiveness of seniors' mobility and their main residential trajectories within the region. The paper estimates a flow model stating the motivational differences in elderly mobility by age and level of education. Young retirees move long distances and rather locate in suburban areas. These territories allow retirees to access a better quality of life without breaking with their previous consumption habits, whether they come from the alpine departments or the metropolitan cores of Marseille, Nice or Toulon. At the same time, the Mediterranean coastline with high-end services and characterized by expensive land is accessible to the wealthiest pensioners only. Older retirees (aged 75 and older), who are at risk of dependency, are moving closer to metropolitan areas with accessible housing and dedicated infrastructure such as support or housing services. With the retirement of the baby-boom generation, the territorialized development of infrastructure dedicated to seniors appears as a factor of local attractiveness for retirees in the region and a challenge for regional planning.

Key-words
Residential migration
Retirees
Provence-Alpes-Côte d'Azur Region
ZIP model

Région et Développement
n° 48-2018
www.regionetdeveloppement.org

The impact of accessibility on the location choices of the business services. Evidence from Lyon urban area

Ioannis BARAKLIANOS[*1]
Louafi BOUZOUINA[*2]
Patrick BONNEL[*3]

Abstract - The aim of this paper is to evaluate the impact of accessibility on the location choices of firms in the business services sector. Distinguishing between Front Office and Back Office services, we estimate multinomial logit models based on the data of Lyon (France) for the year 2011. The results show that the effect of accessibility differs between economic subsectors. In general, Front Office services have a preference for city centers that are well served by transport infrastructures and, because of the importance of face-to-face interactions, where location externalities are high. Back Office services are sensitive only to the proximity to motorways. In the case of relocations, all establishments tend to locate near to their previous location.

JEL Classification
L2, R3, R4

Key-words
Accessibility
Business services
Front Office and Back Office services
Location choice model
Multinomial logit models
Lyon urban area

* LAET-ENTPE, rue Maurice Audin, 69518 Vaulx-en-Velin Cedex, France.
[1] email : ioannis.baraklianos@entpe.fr
[2] email : louafi.bouzouina@entpe.fr
[3] email : patrick.bonnel@entpe.fr

1. INTRODUCTION

The importance of accessibility for the explanation of the location choices of economic establishments has been highlighted at a theoretical level in the very first works of urban economists on location choice determinants of economic activities. The bid-rent theory, developed by Von Thünen (1842) and extended by Alonso (1964), Mills (1967) and Muth (1969), reveals the role of accessibility on the spatial distribution of economic establishments. Other theories refer implicitly to accessibility as a location choice factor through a transport minimisation cost process (Weber, 1909), through centrality (Christaller, 1933), agglomeration (Marshall, 1890) or urbanisation (Jacobs, 1969). Accessibility and proximity to transportation infrastructures are considered henceforth as traditional explanatory location attributes with positive effect.

In this paper, we are searching the extent to which different business services have different appreciation of the accessibility during their location choice process based on their function (Front Office, Back Office). We use an urban setting of a medium to large size European city. Evidence from a city of that size can enrich the current literature. From a transport policy perspective, quantifying the impact of accessibility can facilitate the policy decision making, design and evaluation. Different transport policies can attract or discourage certain functions of business services.

The main contribution of the article is the comprehension of the business services location choice behaviour in relation to accessibility. While accessibility has been the focus of some studies (Bodenmann, 2011; de Bok and Van Oort, 2011), existing literature focuses on business services in general (de Bok and Van Oort, 2011) or specifically on the knowledge intensive business services (Dubé et al., 2016). However, there is a basis that firms in business services sector choose their location based on their function (Duranton and Puga, 2005; Ota and Fujita, 1993), thus analysing this distinction is essential. Last, the analysis is carried out at the neighbourhood level. Knowledge in a such detailed level of analysis can highlight the heterogeneities of location attributes emerging locally (Beaudry and Schiffauerova, 2009; Holl, 2004).

Accessibility is defined by (i) the transport system, (ii) the spatial distribution of land-use, (iii) the individual dimension (Geurs and van Wee, 2004). These components form the concept of accessibility and from the firm point of view, they influence a location choice decision jointly:

1- Transport network had always been important for the location choices of firms. Even at the beginning of the industrial revolution, industries were looking to be located near railway stations or rivers. Today, proximity to transportation infrastructures like motorways or Public Transportation (PT) facilities is something that business owners take into account in their location choice decision (Mejia-Dorantes et al., 2012). This is because proximity to such infrastructures can increase the potential clients and can facilitate the access of workers and other associate firms. Studies from USA and Europe confirm its importance. Transportation infrastructure like motorways attracts employment of the areas around them in the USA (Duranton and Turner, 2012) and in Paris (Padeiro, 2013) while in Spain new infrastructures attract firms around them at the expense of other areas (Holl, 2004).

2- The relative spatial distribution of firms, clients and workers influences the potential interaction between them. For firms we can distinguish 4 different components relevant to the spatial dimension of accessibility; the industry, the suppliers, the labour and the client levels. The industry level concerns the spatial distribution of firms in the same industrial sector or in a different one. The supplier level, even though it can be somehow related to the industry level, concerns the actual suppliers of the firm, and real interaction (not potential) is needed to be identified, which is very difficult to be measured (specific survey is needed). If suppliers are far away, this can cause increases in costs and time that can affect efficiency and profit directly. Next, the labour level concerns the spatial distribution of the active working population potentially available for the firm. Easy access to a pool of workers can increase the possibility of recruiting better-qualified stuff and can decrease commuting costs and potential risks like absenteeism. Finally, the client level concerns the spatial distribution of the potential clients, which can be the population or other firms. These clients should be able to visit the firm, if the firm offers a service in its premises, or the firm should be able to offer its services by distance. Therefore, relative proximity between clients and firms is essential but its importance can vary depending on the activity of the establishment.

3- The individual dimension concerns firm specific activities, preferences and abilities. For firms this dimension can have two perspectives; the internal perspective from the point of view of the firm and the external perspective, which concerns all other agents external to the firm. The internal perspective influences the ability of the firm to attract labour, clients or suppliers. This ability depends on the characteristics of the firm like the size, the age and the economic sector of the firm. Especially for the location choice process, a firm characteristic to be considered is the firm event, new creation or relocation. However, these internal characteristics should be matched with the characteristics of the agents external to the firm, the external perspective of the individual dimension of accessibility (Martín-Barroso et al., 2017). These external characteristics apply not only to workers, but also to clients and suppliers and can influence the potential relation with the firm (Martín-Barroso et al., 2017). Last, an aspect that should be considered in the individual dimension is the competition between firms and these different agents (Geurs and van Wee, 2004). Firms whose activities are in the same economic sector would potentially compete for a work force with the same qualifications as well as for the same group of clients. However, to account properly for competition effects, the study area should minimize incoming flows of workers and clients from external zones (Bunel and Tovar, 2014).

Highly accessible areas with well-developed transportation infrastructures can potentially minimise the transportation costs for suppliers (input), distribution (output), labour (production factor) and clients (profit). In that way, it can create cost efficiencies and can be considered as a positive attribute of a location (de Bok and Van Oort, 2011). In that sense, high accessible areas are ideal for business services. For knowledge intensive business services, Dubé et al. (2016) find that proximity to central areas is very important for a non-metropolitan area in Canada. Baptista and Mendonça (2010) find similar results for Portugal. De Bok and Van Oort (2011) observe that migrating establishments of business services do appreciate accessibility and proximity to transportation infrastructure in a Dutch region. In France, Buczkowska and de Lapparent (2014) focus on the Paris metropolitan area and examine the location choice of newly created firms for various sectors. They find that accessibility affect positively the location choices of the Special, Scientific and Technical activities. These firms are sensitive to public transport and to the distance to motorways. Thus, we can assume that accessibility should be a key location choice factor, especially for business services activities. These activities have a high degree of final demand orientation and a high need for proximity to similar Business Services like Research and Development or Business Administration, the so called Front Office services (Ota and Fujita, 1993).

Nevertheless, during the last years, the influence of accessibility seems to be shifting. Urban areas have faced important transformations because of the dispersion of economic activities (Mejia-Dorantes et al., 2012). Some types of firms are avoiding high priced central areas and searching for locations at the periphery where rents are lower so they can increase their margin for profit. The phenomenon of the dispersion of economic activities is not independent to the changes on the transportation sector. Transportation was the accelerator of the rapid suburbanisation of cities (Baum-Snow, 2007; Glaeser and Kahn M. E., 2004). These changes have decreased the cost of transportation for goods and people, a traditional location choice factor (Boiteux-Orain and Huriot, 2002), and have given more flexibility to firms when they are choosing a location. Taking advantage of this cost minimisation, business services are decentralising completely or only specific functions of their activities which have a more routine character in order to decrease their expenses (for land and salaries), the so called "back officing" of routine functions (Ota and Fujita, 1993). Back-office activities are services that can be provided from distance like equipment rental or call centers. In that sense, these Back Office functions should be less sensible to physical accessibility.

The rest of the paper is structured as follows. Section 2 presents the study area and section 3 the data and the sources used in our analysis. Section 4 presents in detail the applied method and presents the different variables and their measures. Sections 5 makes a summary of the data concerning the economic establishments and section 6 presents the results and the analysis of the models comparing the two subsections. Section 7 summarises the findings along with the conclusions of the paper.

2. STUDY AREA

The study area is the Lyon urban area, which is situated at the south-east central part of France. Lyon is the second largest metropolitan area in France after Paris in economic and population terms. The urban area has surface of about 3,3 thousand squared km and had a population of 1,8 million people in 2011. It is considered as a dynamic economic area with an international character due to the proximity of the city to Italy, Switzerland and Germany (Rosales-Montano et al., 2015). The Gross Domestic Product of the metropolitan area in 2011 was almost 73 billion euros (Eurostat), which places the urban area among the 25 top European metropolitan regions in terms of total gross production. Despite the deindustrialisation process of the latest years, Lyon stays one of the most industrialised areas of France (Carpenter and Verhage, 2014). Nevertheless, its economy has a tertiary role, which is reinforced during the latest years. This diversity and strength of the local economy places Lyon between the most dynamic European metropolitan cities of this size like Cologne, Turin, Dublin, Helsinki etc.

The urban area had more than 850.000 jobs (142.500 jobs from self-employed establishments are excluded) in 2011, of which more than 43% were concentrated in the area's central municipalities (Lyon-Villeurbanne) and almost 77% inside the so-called "Greater Lyon", which is made up of the city of Lyon and some suburbs. The local economic policy is favouring the entrepreneurship with the creation of poles of competitiveness and innovation during the 90s (Rosales-Montano et al., 2015). During the period 2005 – 2011, the number of jobs has increased by almost 13% and the number of firms by almost 17%. Evidence from this article can help understanding the behaviour of firm in such urban contexts which can differ from the global European metropolitan areas like Paris (Buczkowska and de Lapparent, 2014; Padeiro, 2013) or other American cities (Sweet, 2014) on which the research is mostly focused.

Map 1: The study area and the transportation infrastructure

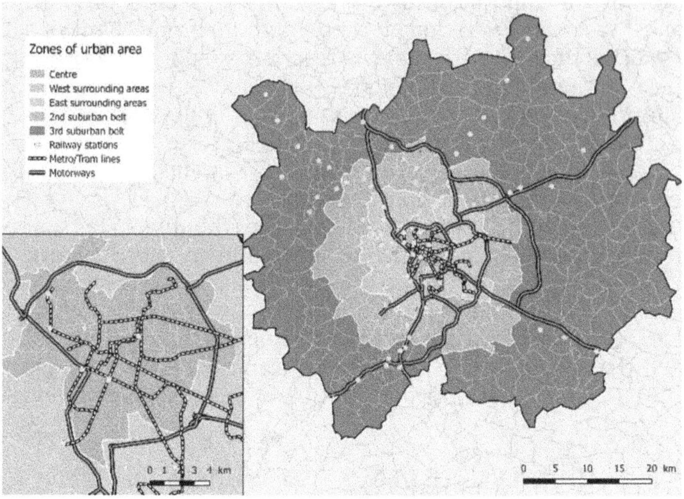

3. DATA SOURCES

This work is principally based on the register of economic establishments (SIRENE database) which is a disaggregated database that contains all the companies in France. It is provided by the INSEE (Institut National de la Statistique et des Etudes Economiques - French National Institute of Statistics and Economics Studies) enriched by other databases from various sources.

We used the SIRENE database for two time periods, the analysis year of 2011 and the comparison year of 2005. This period allows us to have enough observations for creations and relocations for the model estimation. Additionally, during the same period, accessibility has improved thanks to the setting up of two new tram lines in 2006 and 2009. The use of the same database in two time periods allows us to identify the firms created or relocated during this period. For identification reasons, we focus only on firms with one or two establishments in 2011. A disadvantage of this method is the non-identification of the inbound firms, which are considered as creations. However, it is expected that newcomers behave similarly to the new firms since they do not have any previous attachment in the study area. The advantage of this method is its transferability. It can be applied to any time period and any location for which there is available data.

The database contains several characteristics for each economic establishment like the economic activity, the location of the firm, the size in number of employees etc. In order to group the firms on business services based on their function, the detailed classification (NAF code) of the INSEE was used. We decompose the Business services into Front Office and Back Office services. This distinction aims at reflecting the firms' need of face-to-face interactions and the presence of structural differences, linked to the degree of final demand orientation of Business Services. In the annexe, we are presenting the categorisation of the INSEE and the retained grouping of this article.

For the estimation of the models we have used other data sources as well. For the calculation of the accessibility indicators, we used generalised travel times by car and public transport (PT) combined with the population of the area. The peak-hour generalised travel times by private vehicle and PT were estimated by a four-step transportation model developed in LAET (Laboratoire, Aménagement, Economie, Transport - Transport, Urban Planning, Economics Laboratory) for the urban area of Lyon. For the calibration of the model, the data of the household travel survey of 2015 was used. Even though there might be some changes between 2011 and 2015, especially for PT with the construction of some new tram stations, they are considered marginal in terms of travel times and thus this data is applicable to our case. The population data comes from the national census for the year 2012. The other accessibility indicators, like the proximity to transport infrastructure, were calculated using Geographic Information Systems. The data for the real-estate prices comes from the Callon database, which gives an average price per square metre for offices, boutiques, warehouses and industrial premises. Thus, we were able to estimate different prices for different economic sectors. The calculation of the sectoral agglomeration and urbanisation effects was based on the SIRENE database as well. The identification of the Economic Activity Zones was made through personal research since there is no official register. Last, in order to characterise the social environment we have used the FILOSOFI database of INSEE for the year 2012, which gives the distribution of the available revenues for households of each zone.

4. MODELLING THE LOCATION CHOICES OF FIRMS

4.1. Model specification

One of the most fundamental principles of the discrete choices is the McFadden's (1974) random utility maximisation principle applied to firms as a profit maximisation process. Carlton (1983) demonstrated through an empirical study that in fact the profit maximisation problem for a firm is a variant of the McFadden's random utility maximisation model for the households. In this framework a firm is evaluating all the available location possibilities (perfect information) and then makes the optimal choice of the location which maximises its profits (Barrios et al., 2006). Even though some assumptions seem unrealistic (e.g. perfect information), the framework is appealing from a theoretical and computational perspective. Thus, the profit is a function of a deterministic and a stochastic part (equation 1):

$$\Pi_{in} = \pi_{in} + \varepsilon_{in} \qquad (1)$$

Π_{in}: Profit of establishment i at location n
π_{in}: Deterministic part of the profit
ε_{in}: The error term

Making the assumption that the error term ε_{ij} is independently and identically distributed (IID) with type 1 extreme value distribution (McFadden, 1974), the probability of choosing a location takes the logit form:

$$P_{in} = \frac{e^{\pi_{in}}}{\sum_{j \in C_n} e^{\pi_{jn}}} \qquad (2)$$

P_{in}: The probability of individual i
C_n: The choice set of alternative zones

where the deterministic part π_{in} is given by equation 3:

$$\pi_{in} = \sum_{k=1}^{K} \beta_k X_{ink} \qquad (3)$$

π_{in}: Deterministic part of the profit
K: The number of variables
β_k: Parameter to be estimated
X_{ink}: Value of variable for individual i at location n

Among the assumptions of the logit model, the violation of the hypothesis IID (Identical and Independent Distribution) of residuals which generates the IIA property (Independence of Irrelevant Alternatives) is the most important problem especially in a spatial context. However, as the literature states, the Multinomial logit model stays an attractive method due to the ease of computation and the traceability of the results which stay consistent (De Palma et al., 2005). In our case, the area zoning system is divided in 431 zones[4] which has been chosen is order to reduce zone similarities. We are also using the full choice set for the estimation of the parameters. The selected zone by the establishment takes the value 1 and all the others the value 0. The developed model focuses on the accessibility variables. However, there is a need to integrate other location attributes mentioned in the location theory in order to control for their effect and to have consistent results. These attributes can be classified in four groups: accessibility and market trade-off, location externalities, social environment and institutional factors. Based on the correlation matrix, there is no serious multicolinearity between the variables. The highest one is between the accessibility to population and the land value, which is 0.6.

4.2. Variables and measures

4.2.1. Accessibility and market trade-off

In order to measure the accessibility, we have selected two types of measures: 1) the proximity to transportation infrastructure, which captures the effect of the presence of an infrastructure, and 2) the potential accessibility indicator, which combines the ease to travel and the spatial distribution of the population. The first type of accessibility is easily observable by the firm like proximity or not to a transportation infrastructure (de Bok and Van Oort, 2011). The second measure is less intuitive but is a more comprehensive indicator of accessibility.

The potential accessibility indicates the population that can reach potentially the firm's location. We have tested several combinations of specific population segments based on socio-demographic and socio-economic profiles, but the results did not vary significantly between them. Thus, for the sake of simplicity and comparability of the results, we have chosen to use the general population. A general form of the measure for origin and destination locations i and j respectively the accessibility for population P and travel time by a mode of transport t is given by Hansen (1959):

$$A_j = \sum_i P_i \, e^{-\beta t_{ij}} \qquad (4)$$

The parameter β is estimated using local data of the trip behaviour of individuals and reveals the effect of the time on the probability to make a trip. When we have multiple transport modes serving an area, one should consider aggregating between modes in order to calculate a combined accessibility. Usually, the aggregation is performed at the impedance[5] (Geurs and Ritsema van Eck, 2001). For the calculation of the accessibility we use a composite generalised time (Bhat et al., 1999). For every pair of Origin i and Destination j for which a PT connection is

[4]The zones of *« grand quartier »* is used. A *« grand quartier »* is a grouping of census zones inside the same commune. Its size in terms of population varies strongly but in general, a commune need to have more than 10.000 population to be divided. For example, a commune of 20.000 population would be divided in 2 or 3 *« grand quartiers »*.

[5] Impendence is an indicator that quantifies the probability to make a trip from an origin to a destination. Usually it is a function of time or cost but it can be simpler as a distance.

available, the composite generalised time Tc_{ij} is given by the equation 6. Tvp_{ij} is the generalised time for the private vehicle, and Ttc_{ij} is the generalised time for the PT. When the OD has no PT connection the Tc_{ij} is equal to Tvp_{ij}. This form of the composite generalised time has the advantage that when a zone has more mobility options the estimated accessibility is higher. Another advantage is that the result of the composite generalised time is not sensitive to the fastest transportation mode. Therefore, if two areas A and B have the same levels of private car accessibility but A has a PT service as well, accessibility for A should be higher because potentially, area A offers more mobility solutions.

$$Tc_{ij} = Tvp_{ij} \text{ when there is no PT connection} \quad (5)$$

$$Tc_{ij} = \left(\frac{Tvp_{ij}}{1+\frac{Tvp_{ij}}{Ttc_{ij}}}\right) \text{ when there is PT connexion} \quad (6)$$

The result of the potential accessibility to population can be interpreted as a proxy for the market potential, which allows verifying the role of the proximity of the economic activities to population. This means that firms who need face-to-face contact should be more sensitive to accessibility. However, in general, accessibility should be considered as a positive location attribute in all cases as we described in section 2.

To represent the proximity to transportation infrastructures, we include binary variables that take the value of 1 if there is a PT (metro, tramway or railway) station or a motorway section present in the zone, else 0. We have not used a continuous measure, like the distance to the motorway, because we want to capture only the local effect of the infrastructure.

Many studies have highlighted the importance of centrality of the location (Dubé et al., 2016; Elgar et al., 2009). In our case, in order to capture this preference for central areas we have introduced a set of dummy variables. We have divided the area in 5 greater zones (see map 1) where we have: (i) the central zone composed by the municipalities of Lyon and Villeurbanne, (ii) the eastern surrounding zone which is considered as areas with low skilled workers, (iii) the western surrounding zone which is considered as areas with high skilled workers, (iv) the 2nd suburban belt and (v) the 3rd suburban belt. In that way, we are capturing not only the preference for the central areas, but also the preferences, if any, between those different zones. In addition, it is an attribute easily observable by the firm.

Last, we have introduced the price per square meter for different types of business premises. We have estimated semi-hedonic models were we have introduced location attributes as dependent variables, which are not present in our location choice model, in order to avoid high multicollinearity. We capture trade-offs between the positive attributes of a location, notably the accessibility or agglomeration effects and the price that a firm has to pay in order to be located to this area and enjoy these positive effects. For the Front Office services, we take the price for offices and for Back Office services we take the price for warehouses. It is expected to have negative influence ceteris paribus.

4.2.2. Location externalities

Location externalities seem to be the most undeniable determinant for a location choice of a firm (Hayter, 1997). They arise when firms use other establishments as a resource to their own productivity and from which a firm benefits. These location externalities or agglomeration economies can be divided in two different types: (i) the localisation economies or sectoral agglomeration economies and (ii) the urbanisation economies. As Marshal (1890) points out, the localisation economies or specialisation externalities emerge from the concentration of an economic sector to a specific geographical area. The proximity between firms in a specific industry can favour the labour market pooling, input/output sharing and knowledge spillovers (de Bok and Van Oort, 2011). It increases the performance of firms and reduces the risk for the implementation of new ones.

In empirical applications, sectoral agglomeration effects or MAR externalities (Glaeser et al., 1992) can be measured either by using the location quotient by economic sector or by the density of employment or firms (Beaudry and Schiffauerova, 2009). To measure sectoral agglomeration effect, after testing for all possible formulations, we have used the density of firms by zone and by sector, which gives the best, and the most consistent results. This agglomeration effect can also be a proxy for accessibility components that we mentioned before but not captured by our accessibility indicators. They are closely related to accessibility (de Bok and Van Oort, 2011; Melo et al., 2016) but from a broader firm-to-firm influence point of view without considering the influence of the infrastructure (de Bok, 2007) as it concerns the physical proximity for enterprises in the same industry.

The urbanisation or diversity externalities (Jacobs, 1969) are the result of the colocation of diverse economic sectors into a geographic area and of the increase in size of employment and population (Beaudry and Schiffauerova, 2009). Literature has not concluded if it has a positive or a negative influence on the location choice of a firm. It seems that its influence depends on the characteristics of each specific industry (Rosenthal and Strange, 2003). There are economic sectors, which value more the diversity and the density of a location while others are searching for more specialised locations. The urbanisation effects can be measured by the employment density, the Gini coefficient or the Hirschman-Herfindahl index (HHI) (Beaudry and Schiffauerova, 2009). We have opted for the HHI, modifying it as HHI'=1-HHI in order to have more intuitive results (Positive sign, positive influence of the local economic diversity).

4.2.3. Social environment

Other than accessibility and location externalities, we have also included the social environment of the location. Studies are not including social environment variables very often into the analysis. However, we are arguing that they can influence the location choice of a firm. Firms who offer high quality services and need face-to-face contact are expected to be located to areas where the revenues of the households are high (Elgar et al., 2009). Additionally, it is expected that firms should in general avoid areas with low-income households due to any possible social problems that can hurt the productivity of the firm. In addition, high-income households are attractive from a market potential point of view. Wealthy neighbourhoods can be potentially very attractive for certain sectors which value an area with good image, like for example the real estate agencies (Buczkowska and de Lapparent, 2014). We are taking into account the effect of the social environment by introducing into the model the percentages of the population of the zone belonging to the 1st quantile (Q1% - the poorest) and the 5th quantile (Q5% - the richest) of the revenue of the whole study area. If the sector relies on face-to-face interactions, it should be positive to the 5th quantile. On the contrary, the establishments should avoid areas with high 1st quantile. An area with high percentages of poor population can have possible negative local effects on the economic activity (Bouzouina, 2015).

4.2.4. Institutional factors

One of the latest advances of the location theory is the understanding that firms are making choices in an environment that is not static, because of government choices and real estate dynamics, the so-called institutional factors. In order to include in our model the effect of these factors we have included two variables. First, to account for the role of the macro-agent (public authorities, government) we have integrated a binary variable for the Zones of Economic Activity (Zones d'Activité Economique – ZAE). A ZAE is a designated geographic area of concentration of economic activity, organised and constructed by a public or private developers, which are renting or selling the land and the premises to enterprises willing to locate their businesses in these areas (Cerema, 2014). It is expected that this variable has a positive effect since in general these areas are located near transportations axes and have created agglomeration or urbanisation effects.

5. LOCATION CHOICES OF FRONT OFFICE AND BACK OFFICE BUSINESS SERVICES – DESCRIPTIVE STATISTICS

Before proceeding to location choice modelling we present a descriptive and cartographic presentation of the data in order to characterise our dataset and to provide an image of the dynamics across sectors.

Table 1 : Key statistics of creations and relocations in Front Office and Back Office services

		Front Office Services	Back Office Services
Total establishments		21702	9275
Creations	Establishments	9981	4130
	Creation rate	48%	49%
	Share near motorways	25%	37%
	Share near metro/ tram station	42%	30%
Migrations	Establishments	2940	989
	Migration rate	14%	12%
	Share near motorways	28%	39%
	Share near metro/ tram station	46%	27%
	Mean relocation distance	4,0 km	6,1 km

Source: INSEE SIRENE database 2011 - Authors' estimations.

In table 1, we make a presentation of some key descriptive statistics regarding the two sectors. Most of the establishments of the business services have a Front Office function. The Back Office sector has slightly bigger creation rate but the Front Office sector has a higher relocation rate. Regarding some preferences for proximity to transportation infrastructures, we can see that Front Office establishments prefer better proximity to metro/tram stations while back Office establishments prefer proximity to motorways. Last, regarding the relocation distance, Front Office establishments are choosing locations that are closer to their previous one, in comparison to the Back Office establishments who can go further away.

In figures 1 and 2, we are presenting an analysis of the preferences of Front Office and Back Office establishments for accessibility. We use two kinds of accessibility measures, the accessibility to population and the centrality. The first figure presents the distribution of establishments (creations and relocations) based on the accessibility of the selected zone (in quartiles). Front Office establishments are more sensitive to accessibility to population. More than 50% of created and relocated establishments of the Front Office sectors have chosen a zone between the 25% most accessible zones of our study area. On the contrary, Back Office establishments are choosing zones that are less accessible. Most of them are choosing zones that are at the third quartile of accessibility. Front Office activities have a particular preference for central areas, and seem to avoid the eastern surrounding areas. In contrast, Back Office services have no strong preference for any zone, but they seem to avoid the western surrounding areas. This observation can be related to the image of the western rich areas and the poor eastern ones (Bouzouina et al., 2014).

Figure 1 : Preference for accessibility to population of new and migrating firms

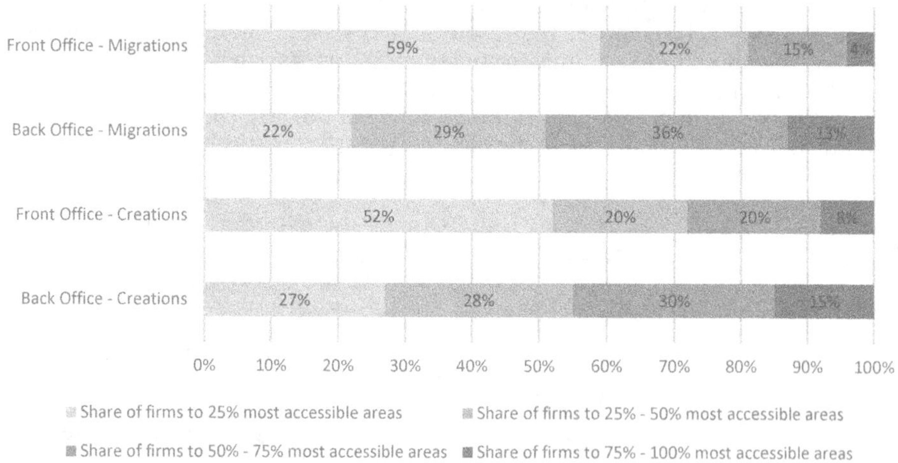

Figure 2: Location areas of new and migrating firms

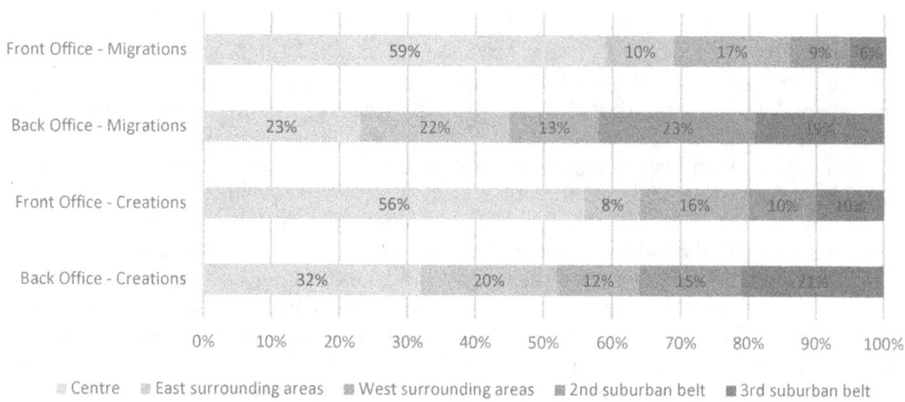

Source: INSEE SIRENE database 2011 - Authors' estimations.

There is a clear difference between the two sectors. The Front Office establishments have high preference for the central areas, which decreases to the peripheral zones. This observation is consistent for both creations and relocations of the Front

Office establishments. On the contrary, the Back Office establishments prefer mostly peripheral areas around the corridors of motorways, especially the eastern peripheral areas. This tendency is even more accentuated for the relocating establishments.

6. MODELLING RESULTS - FRONT OFFICE, BACK OFFICE SERVICES: DIVERGING CHOICES

The descriptive statistics analysis gave an idea of the dynamics and the preferences for accessibility of the two subsectors. In this chapter, using a joint logit model for the Front Office and the Back Office establishments, we are quantifying the effect of the explanatory variables. We estimate a first model with the same variables for Front Office and Back Office (Model I) and an additional one integrating the variable "distance to last location" for the relocating establishments (Model II). The objective is to quantify the effect of this variable highlighted by the literature in firm migrations (de Bok and Van Oort, 2011; Elgar et al., 2009; Van Dijk and Pellenbarg, 2000). To compare the results across sectors and firm events, we have calculated mean point elasticities for the quantitative variables and mean pseudo-elasticities for the categorical ones (Washington et al., 2011). Last, we apply the asymptotic t-test (Ben-Akiva et al., 2015) between the two subsectors in order to test if the observed differences of the parameters are statistically significant.

Mean point elasticity

$$E_k = \frac{\sum_{i=1}^{j}(1 - P_{in})\,\hat{\beta}_k\,X_{ink}}{j} \qquad (7)$$

E_k: Mean point elasticity for quantitative variable k
j: The number of establishments
P_{in}: The probability for individual i to choose the location n
$\hat{\beta}_k$: The estimated parameter for k
X_{ink}: The value of k for i at n

Mean pseudo-elasticity

$$E'_k = \frac{\sum_{i=1}^{j}\frac{P_{in}(i|X_{ink}=1) - P_{in}(i|X_{ink}=0)}{P_{in}(i|X_{ink}=0)}}{j} \qquad (8)$$

E'_k: Mean pseudo-elasticity for categorical variable k
P_{in}: The probability for individual i to choose the location n
X_{ink}: The value of k for i at n which can take the values 0 and 1

Asymptotic t test

$$t_{k12} = \frac{\hat{\beta}_{k1} - \hat{\beta}_{k2}}{\sqrt{Var(\hat{\beta}_{k1}) + Var(\hat{\beta}_{k2}) - 2Cov(\hat{\beta}_{k1}, \hat{\beta}_{k2})}} \qquad (9)$$

t_k: t value for variables k_1, k_2
$\hat{\beta}_{k1}$: The estimated parameter for k_1
$\hat{\beta}_{k2}$: The estimated parameter for k_2

The significance of the variables varies between the sectors and between the firm events. This means that the economic sectors are making their location choices based on different criteria.

Front Office establishments appreciate accessibility to population (table 2), all the variables of proximity to transportation infrastructure are positive and significant and prefer the central areas (all alternatives have a negative or not significant parameter). The premises' price has the expected negative and significant parameter, which characterize the trade-off between accessibility and land value. Last, the results for the other groups of variables have the expected parameters. Back Office establishments on the contrary, while they value the proximity to transport infrastructure, seem indifferent to accessibility to population (parameter non-significant) and prefer peripheral areas than the centre. However, the parameter for the premises' price is negative and significant meaning that there is a trade-off between the location attributes and the price. The parameters of the other variables have the expected signs. For both sectors, these results are consistent for both creations and relocations, except for the accessibility to population for the migrating establishments in the Front Office services, which we will discuss in the analysis of the elasticities.

The result of the estimation of the mean elasticities shows the mean effect of a location attribute on the probability to choose a location, when we increase its value by 1%, ceteris paribus (table 3). If the result is more than 1% (absolute value) it means that this variable is elastic (Washington et al., 2011). The result of the mean pseudo-elasticity shows the mean effect of a location attribute on the probability to choose a location, when it passes from zero to one. We can compare the results of elasticities and pseudo-elasticities between them and across sectors and firm events, because we performed a joint estimation with the same variables. This is not applicable for the agglomeration effects (specialisation externalities) and the premises' price because they are sector-specific attributes.

Table 2: Estimated parameters of the location choices of Front Office and Back Office services

		Model I				Model II			
		Front Office		Back Office		Front Office		Back Office	
		Coeff.	Signif.	Coeff.	Signif.	Coeff.	Signif.	Coeff.	Signif.
Creations	Agglomeration	0.27	***	1.19	***	0.27	***	1.20	***
	Urbanisation	1.79	***	0.72	***	1.80	***	0.70	***
	Accessibility pop.	0.19	***	0.03	-	0.19	***	0.03	-
	Motorway	0.26	***	0.44	***	0.26	***	0.44	***
	Metro/Tramway	0.17	***	0.18	***	0.17	***	0.17	***
	Railway Station	0.26	***	0.12	***	0.26	***	0.12	***
	Centre (Reference)	-	-	-	-	-	-	-	-
	Eastern Areas	-0.60	***	0.15	**	-0.59	***	0.15	**
	Western Areas	0.02	-	0.19	**	0.02	-	0.19	**
	2nd Belt	-0.50	***	0.16	-	-0.50	***	0.16	-
	3rd Belt	-1.28	***	-0.55	***	-1.28	***	-0.56	***
	Q1 %	-1.01	***	0.10	-	-1.10	***	0.03	-
	Q5 %	3.26	***	-0.52	*	3.22	***	-0.54	*
	ZAE	0.59	***	0.70	***	0.59	***	0.70	***
	Premise's price	-0.32	***	-0.19	***	-0.32	***	-0.19	***
Migrations	Agglomeration	0.32	***	1.75	***	0.33	***	1.99	***
	Urbanisation	2.03	***	0.06	-	2.11	***	0.22	-
	Accessibility pop.	0.19	***	0.02	-	0.02	*	0.00	***
	Motorway	0.48	***	0.50	***	0.49	***	0.42	***
	Metro/Tramway	0.14	**	0.15	-	0.26	***	0.12	-
	Railway Station	0.39	***	-0.13	*	0.39	***	0.01	-
	Centre (Reference)	-	-	-	-	-	-	-	-
	Eastern Areas	-0.48	***	0.56	***	-0.13	-	0.46	***
	Western Areas	-0.01	-	0.33	*	0.00	-	0.17	-
	2nd Belt	-0.71	***	0.59	***	0.00	-	0.71	***
	3rd Belt	-1.85	***	-0.68	**	-0.02	-	0.38	-
	Q1 %	-1.60	***	-2.61	***	-1.80	***	-2.96	***
	Q5 %	3.02	***	0.00	-	2.71	***	0.81	-
	ZAE	0.68	***	0.91	***	0.72	***	0.79	***
	Premise's price*	-0.33	***	-0.38	***	-0.35	***	-0.53	***
	Distance last loc	-	-	-	-	-0.32	***	-0.27	***
Observations (segment creations)		9981		4130		9981		4130	
Observations (segment migrations)		2940		989		2940		989	
Observations (segments total)		12921		5119		12921		5119	
Observations (total)		18040				18040			
Alternatives		431				431			
Likelihood zero		-109433				-109433			
Log of Likelihood		-98324				-95544			
Adjusted ρ^2		0.102				0.127			

Note: ***significant at 99%, **significant at 95%, significant at 90%.
Source: Authors estimations.

For the Front Office services, the diversity of the location and the accessibility to population count the most for a location choice. There is a close relation between the diversity and accessibility. Central areas are more diverse while peripheral zones are more specialised (Manjón-Antolín and Arauzo-Carod, 2011). The elasticity for the diversity is 1.47% for the new establishments and 1.66%-1.73% depending on the model. The accessibility to population has a value of 1.24% for the creations and 1.37% for the relocations in model I. In model II it becomes negative, -0.35%, meaning that the establishment is willing to sacrifice accessibility in order to have a location choice to the previous one.

Table 3: Estimated mean elasticities for Front Office and Back Office services

		Model I				Model II			
		Front Office		Back Office		Front Office		Back Office	
		Elasticity	Signif.	Elasticity	Signif.	Elasticity	Signif.	Elasticity	Signif.
Creations	Agglomeration	0.86%	***	0.36%	***	0.86%	***	0.37%	***
	Urbanisation	1.47%	***	0.58%	***	1.47%	***	0.57%	***
	Accessibility pop.	1.24%	***	0.15%	-	1.24%	***	0.16%	-
	Motorway	30.21%	***	55.70%	***	30.23%	***	55.92%	***
	Metro/Tramway	18.92%	***	19.36%	***	18.55%	***	19.09%	***
	Railway Station	29.59%	***	13.05%	***	29.73%	***	12.94%	***
	Centre (Reference)	-	-	-	-	-	-	-	-
	Eastern Areas	-44.90%	***	16.41%	**	-44.66%	***	16.53%	**
	Western Areas	2.45%	-	21.26%	**	2.29%	-	21.25%	**
	2nd Belt	-39.25%	***	17.02%	-	-39.40%	***	17.00%	-
	3rd Belt	-72.14%	***	-42.55%	***	-72.16%	***	-42.82%	***
	Q1 %	-0.14%	***	0.02%	-	-0.15%	***	0.01%	-
	Q5 %	0.85%	***	-0.10%	*	0.84%	***	-0.11%	*
	ZAE	79.95%	***	101.49%	***	79.94%	***	101.20%	***
	Premise's price	-4.04%	***	-1.00%	***	-4.05%	***	-1.02%	***
Migrations	Agglomeration	1.26%	***	0.46%	***	1.30%	***	0.52%	***
	Urbanisation	1.66%	***	0.05%	-	1.73%	***	0.18%	-
	Accessibility pop.	1.37%	***	0.12%	-	-0.35%	*	-0.93%	***
	Motorway	61.92%	***	64.18%	***	63.49%	***	52.75%	***
	Metro/Tramway	15.45%	**	16.01%	-	29.90%	***	12.49%	-
	Railway Station	48.40%	***	-12.38%	*	48.27%	***	0.81%	-
	Centre (Reference)	-	-	-	-	-	-	-	-
	Eastern Areas	-38.22%	***	75.08%	***	-11.84%	-	58.50%	***
	Western Areas	-0.93%	-	39.30%	*	0.29%	-	18.57%	-
	2nd Belt	-50.94%	***	80.82%	***	0.00%	-	103.23%	***
	3rd Belt	-84.30%	***	-49.13%	**	-2.34%	-	46.60%	-
	Q1 %	-0.21%	***	-0.38%	***	-0.24%	***	-0.43%	***
	Q5 %	0.81%	***	0.00%	-	0.72%	***	0.17%	-
	ZAE	96.87%	***	147.43%	***	105.28%	***	120.00%	***
	Premise's price	-4.41%	***	-1.98%	***	-4.66%	***	-2.78%	***
	Distance last loc	-	-	-	-	-1.28%	***	-1.66%	***

****significant at 99%, **significant at 95%, significant at 90%.*
Source: Authors estimations.

Migrating establishments are searching for agglomeration effects as well (elasticity 1.26%-1.30%) and they are sensible to the distance from the last location (elasticity 1.28%). At the same time, Front Office establishments are very sensible to the premises' price with an elasticity over -4% for both creations and relocations. Regarding the proximity to transport infrastructures, we can see that the most important one for the Front Office services is the motorway. Its presence increases the probability to choose an area by 30.21% for the creations and 61.92%-63.49% for the relocations. However, an Economic Activity Zone is more important for a location choice of a Front Office establishment. Its presence increases the choice probability by 79.95% for the new establishments and 96.87%-105.28% for the relocating ones.

For Back Office services, all the quantitative variables have elasticities less than 1%, except for the premises' price, which is -1% for the creations and -1.98% for the relocations. Even though Back Office establishments seem indifferent towards accessibility to population, they appreciate proximity to motorway, which has the highest pseudo-elasticity (55.70% and 64.18%-52.75 for the creations and the relocations respectively) between the transportation infrastructures. As for the Front Office services, the presence of an Economic Activity Zone increases the probability to choose the zone by 101.49% for a new establishment and by 147.43%-120% for a relocating one. Last, migrating Back Office services are also sensible to the distance to the previous location with an elasticity of 1.66%. Relocating establishments of both subsectors seem to optimise their location choices. They are choosing better locations in terms of accessibility, stronger location externalities to Economic Activity Zones to a better price.

Table 4 : Results of the t-test for the variables of the Front Office versus Back Office services

	Variable	t value	Significance	More important for
Creations	Agglomeration	NA	-	-
	Urbanisation	-4.10	*	Front Office
	Accessibility pop.	-6.36	*	Front Office
	Motorway	4.14	*	Back Office
	Metro/Tramway	0.06	-	-
	Railway Station	-3.13	*	Front Office
	Centre (Reference)	NA	-	-
	Eastern Areas	9.07	*	Back Office
	Western Areas	1.80	*	Back Office
	2nd Belt	5.21	*	Back Office
	3rd Belt	4.55	*	Back Office
	Q1 %	-2.90	*	Back Office
	Q5 %	-10.68	*	Front Office
	ZAE	2.23	*	Back Office
	Premise's price	NA	-	-
Migrations	Agglomeration	NA	-	-
	Urbanisation	-3.83	*	Front Office
	Accessibility pop.	-3.43	*	Front Office
	Motorway	0.16	-	-
	Metro/Tramway	0.04	-	-
	Railway Station	-5.94	*	Front Office
	Centre (Reference)	NA	-	-
	Eastern Areas	6.31	*	Back Office
	Western Areas	1.77	*	Back Office
	2nd Belt	5.18	*	Back Office
	3rd Belt	3.60	*	Back Office
	Q1 %	1.26	-	-
	Q5 %	-4.40	*	Front Office
	ZAE	2.90	*	Back Office
	Premise's price	NA	-	-

** Significant at 95%.*
Source: Authors estimations.

When we compare the results between the Front Office services and the Back Office services, we can see a difference in preferences. On the one hand, Front Office establishments value more the central areas, the diversity, the accessibility to population of a zone and the proximity to a railway stations than the Back Office establishments. Additionally, Front Office firms are more sensible to the social environment of the zone. They avoid poor areas and prefer zones with high percentages of rich households. On the other hand, Back Office establishments have a higher preference for proximity to motorways, for peripheral areas and for Economic Activity Zones.

To analyse the statistical significance of observed difference between the two sectors, we applied the asymptotic t-test (Ben-Akiva et al., 2015). Usually this test is applied to the parameters of a model in order to verify that they are statistically different for zero. In our case, we are applying the test to verify that the parameters of the different sectors are statistically different between them. If the t value is greater than the critical value (in our case at 95% confidence for 14 degrees of freedom for Model I and 15 degrees for the migrations of Model II) then the parameters are statistically different between the two sectors.

In table 4, we present the results of the asymptotic t test. We can give an interpretation to the sign of the t-value. When the t-value is positive it means that parameter, in absolute values, is higher for the Back Office establishments. Otherwise, when it is negative, the absolute value of the parameter is higher for the Front Office establishments. Thus, depending on the sign and the significance we can conclude if the difference is statistically significant and for which sector this location attribute in more important. Diversity, accessibility to population, proximity to railway station and Q5% are more important for Front Office services. On the contrary, proximity to motorway (for the creations only), peripheral areas, Q1% (for the creations only) and Economic Activity Zones are more important for Back Office services. Last, proximity to metro/tramway stations, proximity to motorways (for the relocations only) and Q1% (for the relocations only) do not differ significantly between the Front Office and the Back Office services.

7. CONCLUSIONS AND PERSPECTIVES

Even though accessibility is considered as one of the key location attributes for explaining the location choices of firms, not many works have analysed accessibility as a multidimensional concept. Even fewer have analysed any potential differences in terms of preferences for accessibility between different types of economic establishments. In this work, we examined the effect of accessibility of the location choices of the business sector, differentiating the establishments based on their functional characteristics. Most of the works on the location choices of economic establishments are analysing their behaviour based on the sectoral division of establishments. However, the literature points out that the functional categorisation tends to be more important that the sectorial (Duranton and Puga, 2005). Drawing from our analysis for Lyon, we observe that this categorisation defines the importance of the accessibility for the location choices of firms depending on their function. Our analysis highlights that each element of accessibility is valued differently from the different functions of the business services.

The functional characteristics of the economic establishments are reflected on their preferences for accessibility. The location choices of Front Office services, whose economic activity relies on daily interaction and information exchange (Dubé et al., 2016), follow ideally the traditional trade-off between the land value and the accessibility. Comparing to the Back Office services, the Front Office services have a stronger preference for central areas, where they can enjoy very good accessibility to population and where the location externalities are strong. On the contrary, Back Office services can offer their services by distance because direct proximity is less important for their economic activity. So, they prefer peripheral areas, at Economic Activity Zones, where they have easy access to motorways. The relocations of both subsectors prefer new locations close to the previous one, because of the importance of the local environment. They do not want to alter the relations with their clients, workers and collaborators.

This work can help the decision and policy makers to construct better policies, especially in transport. Investments on transportation infrastructures or definitions of Economic Activity Zones can attract different types of economic establishments. An activity zone close to dense and populated area with high accessibility to population would attract different type of services than a zone at the periphery. Additionally, as this study showed, the attraction can be different for relocations and creations. Local policies should pay attention not to increase the economic activity locally at the expense of the nearby areas. Last, we support that future works should take into account the distinction that this article proposes based on the function of the business services sector because differences can be significant. A spatiotemporal analysis is needed to analyse if this functional division is always under way and if the preferences of the establishments evolve to a certain direction.

ANNEXE

Front Office services	**Back Office services**
Post and courier services	Renting of machinery and equipment for the construction
Telecommunications	Land transport
Radio and television	Port services, maritime and river
Hardware consultancy	Airport services
Software publishing	Charter services
Data processing	International Carriage
Activities of databases	Short-term rental of motor vehicles
R & D in natural sciences	Long-term rental of motor vehicles
R & D in social sciences	Rental of land transport equipment
Legal activities	Rental of water transport
Accounting activities	Rental of air transport
Market research and surveys	Rental of office machinery and computers
Council for Business and Management	Investigation and security
Business Administration	Cleaning activities
Architectural activities	Studios and other photographic activities
Surveyors	Laboratory for developing and printing
Engineering, technical studies	Custom packaging
Analysis, testing and inspection	Call Centres
Management of media advertising	Services related to production
Advertising consultancy	Collection and treatment of wastewater
Selection and provision of personnel	Collection and treatment of household waste
Work Agencies for temporary employment	Treatment of other solid waste
Secretarial and translation agencies	Video editing and distribution
Organization of trade fairs	Management of facilities of arts
Production of films for television	Laundry - dry cleaning services
Production of corporate films and commercials	
Production of films for cinema	
Technical services for film and television	
Motion picture	
Radio operations	
Production of television programs	
Editing general channels	
Editing channels	
Distribution of clusters of radio and television	
News agencies	

REFERENCES

Alonso, W., 1964. *Location and land use : toward a general theory of land rent.* Harvard University Press, Cambridge, Mass.

Baptista, R., Mendonça, J., 2010. Proximity to knowledge sources and the location of knowledge-based start-ups. *Annals fo Regional Science*, 45, 5–29.

Barrios, S., Görg, H., Strobl, E., 2006. Multinationals' location choice, agglomeration economies, and public incentives. *International Regional Science Review* 29, 81–107.

Baum-Snow, N., 2007. Did Highways Cause Suburbanization? *Quarterly Journal of Economics* 122, 775–805.

Beaudry, C., Schiffauerova, A., 2009. Who's right, Marshall or Jacobs? The localization versus urbanization debate. *Research Policy* 38, 318–337.

Ben-Akiva, M.E., Bierlaire, M., Mcfadden, D., Walker, J., 2015. Discrete Choice Analysis. Preliminary draft version.

Ben-Akiva, M.E., Lerman, S., 1985. *Discrete Choice Analysis: Theory and Application to Travel Demand*, MIT Press Series in Transportation Studies. MIT Press, Cambridge, USA.

Bhat, C.R., Carini, J., Misra, R., 1999. Modeling the Generation and Organization of Household Activity Stops. Transportation Research Record, *Journal of the Transportation Research Board* 1676, 153–161.

Bodenmann, B.R., 2011. *Location choice of firms with special emphasis on spatial accessibility.* ETH Zürich.

Boiteux-Orain, C., Huriot, J.-M., 2002. Modéliser la suburbanisation. *Revue d'Économie Régionale et Urbaine* février, 73.

Bouzouina, L., Cabrera-Delgado, J., Emmerich, G., 2014. Inégalités d'accessibilité à l'emploi en Transport Collectif Urbain : Deux décennies d'évolutions en banlieue lyonnaise. *Revue d'Economie Régionale et Urbaine* 1, 33–61.

Bouzouina, L., 2015. "Métropolisation et segmentations du territoire", In Rosales-Montano, S., Aguilera-Belanger, A., Mignot, D., Terral, L., *L'expérience métropolitaine lyonnaise.* FNAU, Paris, pp. 68-81.

Buczkowska, S., de Lapparent, M., 2014. Location choices of newly created establishments: Spatial patterns at the aggregate level. *Regional Science and Urban Economics* 48, 68–81.

Bunel, M., Tovar, E., 2014. Key Issues in Local Job Accessibility Measurement: Different Models Mean Different Results. *Urban Studies* 51, 1322–1338.

Carlton, D.W., 1983. The Location and Employment Choices of New Firms: An Econometric Model with Discrete and Continuous Endogenous Variables. *Review of Economics and Statistics* 65, 440–449.

Carpenter, J., Verhage, R., 2014. Lyon city profile. *Cities* 38, 57–68.

Cerema, 2014. Zones d'activité économique en périphérie : les leviers pour la requalification. Lyon.

Christaller, W., 1933. Die centralen Orte in Suddeutschland. Gustav Fischer, Jena. English edition: Christaller W (1967) *Central places in Southern Germany* (trans: Baskin CW). Englewood Cliffs, New Jersey.

de Bok, M., 2007. *Infrastructure and Firm Dynamics: A micro-simulation approach.* TU Delft.

de Bok, M., Van Oort, F., 2011. Agglomeration economies, accessibility and the spatial choice behavior of relocating firms. *Journal of Transportation and Land Use* 4, 5–24.

De Palma, A., Motamedi, K., Picard, N., Waddell, P., 2005. A model of residential location choice with endogenous housing prices and traffic for the Paris region. *European Transport* 31, 67–82.

Dubé, J., Brunelle, C., Legros, D., 2016. Location Theories and Business Location Decision : A Micro-Spatial Investigation of a Non-Metropolitan Area in Canada. *Review of Regional Studies* 46, 143–170.

Duranton, G., Puga, D., 2005. From sectoral to functional urban specialisation. *Journal of Urban Economics* 57, 343–370.

Duranton, G., Turner, M.A., 2012. Urban growth and transportation. *Review of Economic Studies* 01, 1–36.

Elgar, I., Farooq, B., Miller, E.J., 2009. Modeling Location Decisions of Office Firms. Transportation Research Record, *Journal of the Transportation Research Board* 2133, 56–63.

Geurs, K.T., Ritsema van Eck, J.R., 2001. Accessibility measures: review and applications. Evaluation of accessibility impacts of land-use transport scenarios, and related social and economic impacts. RIVM, National Institute of Public Health and the Environment (NL), Bilthoven. www.rivm.nl/bibliotheek/rapporten/408505006.html

Geurs, K.T., van Wee, B., 2004. Accessibility evaluation of land-use and transport strategies: review and research directions. *Journal of Transport Geography* 12, 127–140.

Glaeser, E.L., Kahn M. E., 2004. Sprawl and Urban Growth, in: Henderson, J. V., Thisse, J.E. (Eds.), *Handbook of Regional and Urban Economics, Cities and Geography*. Elsevier, Amsterdam, pp. 2481–2527.

Glaeser, E.L., Kallal, H.D., Scheinkman, J.A., 1992. Growth in cities. *Journal of Political Economy* 100, 1126–1152.

Hansen, W.G., 1959. How Accessibility Shapes Land Use. *Journal of the American Institute of Planners* 25, 73–76.

Holl, A., 2004. Manufacturing location and impacts of road transport infrastructure: Empirical evidence from Spain. *Regional Science and Urban Economics* 34, 341–363.

Jacobs, J., 1969. *The economy of the cities*, Vintage ed., New York.

Manjón-Antolín, M.C., Arauzo-Carod, J.M., 2011. Locations and relocations: Determinants, modelling, and interrelations. *Annals of Regional Science* 47, 131–146.

Marshall, A., 1890. *Principles of Economics*. Online Libr. Lib. 1–627. https://doi.org/10.1057/9781137375261

Martín-Barroso, D., Núñez-Serrano, J.A., Velázquez, F.J., 2017. Firm heterogeneity and the accessibility of manufacturing firms to labour markets. *Journal of Transport Geography* 60, 243–256.

McFadden, D., 1974. Conditional logit analysis of qualitative choice behavior, in: Zarembka, P. (Ed.), *Frontiers in Econometrics*. Academic Press, New York, pp. 105–142.

Mejia-Dorantes, L., Paez, A., Vassallo, J.M., 2012. Transportation infrastructure impacts on firm location: The effect of a new metro line in the suburbs of Madrid. *Journal of Transport Geography* 22, 236–250.

Melo, P.C., Graham, D.J., Levinson, D.M., Aarabi, S., 2016. Agglomeration, accessibility and productivity: Evidence for large metropolitan areas in the US. *Urban Studies* 54,1.

Mills, E.S., 1967. Transportation and patterns of urban development: An Aggregative Model of Resource Allocation in a Metropolitan Area. *American Economic Review* 57, 197–210.

Muth, R.F., 1969. *Cities and housing: the spatial pattern of urban land use*. University of Chicago Press, Chicago, IL.

Ota, M., Fujita, M., 1993. Communication technologies and spatial organization of multi-unit firms in metropolitan areas. *Regional Science and Urban Economics* 23, 695–729.

Padeiro, M., 2013. Transport infrastructures and employment growth in the Paris metropolitan margins. *Journal of Transport Geography* 31, 44–53.

Rosales-Montano, S., Aguilera-Belanger, A., Mignot, D., Terral, L., 2015. *L'expérience métropolitaine lyonnaise*. FNAU, Paris.

Rosenthal, S.S., Strange, W.C., 2003. Geography, Industrial Organization, and Agglomeration. *Review of Economics and Statistics* 85, 377–393.

Sweet, M.N., 2014. Do firms flee traffic congestion? Journal of Transport Geography 35, 40–49.

Van Dijk, J., Pellenbarg, P.H., 2000. Firm relocation decisions in The Netherlands: An ordered logit approach. *Papers in Regional Science* 79, 191–219.

Von Thünen, J.H., 1842. *Der isolirte Staat in Beziehung auf Landwirthschaft und Nationalökonomie*, 2nd ed. Rostock.

Washington, S.P., Karlaftis, M.G., Mannering, F.L., 2011. Statistical and econometric methods for transportation data analysis, 2nd ed., CRC Press, New York.

Weber, A., 1909. Über den Standort der Industrie, trans: *Theory of the Location of Industries*, University of Chicago Press, 1929.

L'impact de l'accessibilité sur les choix de localisation des services aux entreprises. Le cas de l'aire urbaine de Lyon

Résumé - L'objet de cet article est d'évaluer l'impact de l'accessibilité sur les choix de localisation des services aux entreprises, distingués sur un plan fonctionnel entre établissements « front office » et « back office », au sein de l'aire urbaine de Lyon en 2011. A partir des estimations de modèles logit multinomiaux, les résultats apparaissent différents selon les secteurs économiques. De manière générale, les services « front office » ont une préférence pour les centres-villes bien desservis par des infrastructures de transport et, du fait de l'importance des interactions face à face, où les externalités de localisation sont fortes. Les services « back office » se localisent plus en périphérie et à proximité des voies autoroutières. Dans le cas de la relocalisation d'un établissement au sein de l'aire urbaine, un emplacement proche du précédent est recherché.

Mots-Clés

Accessibilité
Services aux entreprises
Services front et back office
Modèle de choix de localisation
Modèle logit multinomial
Aire urbaine de Lyon

Région et Développement

n° 48-2018

www. regionetdeveloppement.org

L'usage de l'automobile et la structure spatiale en Chine : le modèle de ville compacte en question

Guillaume POUYANNE*
Laëtitia GUILHOT**
André MEUNIÉ***

Résumé - Une littérature sur le modèle de « ville compacte » – c'est-à-dire une ville dense aux usages mixtes – s'est largement développée ces dernières années comme pouvant constituer une « forme urbaine durable » dans les pays occidentaux. La question se pose de savoir dans quelle mesure un tel raisonnement est transposable à la Chine. Après avoir discuté la notion de ville compacte, nous présentons dans ce cadre les caractéristiques des villes chinoises : leurs densités élevées et un certain degré de mixité des fonctions, combinés à un pouvoir urbain fort et à la propriété publique du sol. Toutefois, les tendances récentes (étalement urbain, motorisation) en Chine indiquent à quel point le changement est rapide et converge vers le modèle occidental. Nous testons la validité du modèle de ville compacte et de ses impacts sur la mobilité quotidienne dans le cas chinois. Il apparaît, en accord avec la littérature, que de fortes densités et un développement polycentrique induisent un usage moindre de l'automobile et une réduction de la pollution atmosphérique.

Classification JEL
R14, R41, R58

Mots-clés
Ville compacte
Dépendance automobile
Forme urbaine
Mobilité quotidienne

* GREThA, UMR CNRS 5113, Université de Bordeaux ; guillaume.pouyanne@u-bordeaux.fr
** CREG, EA 4625, Université Grenoble Alpes ; laetitia.guilhot@univ-grenoble-alpes.fr
*** GREThA, UMR CNRS 5113, Université de Bordeaux ; andre.meunie@u-bordeaux.fr

INTRODUCTION – LA CHINE, DE LA TRANSITION ÉNERGÉTIQUE À LA TRANSITION URBAINE

La Chine est périodiquement plongée dans l'*airpocalypse* (Huchet, 2016). Les niveaux de pollution atmosphérique atteignent des niveaux si préoccupants (jusqu'à 20 fois les seuils de l'OMS) que des mesures d'exception doivent régulièrement être prises : circulation alternée, mise à l'arrêt d'usines et de centrales électriques, annulation de vols en raison de la mauvaise visibilité... C'est pour des raisons de santé publique, mais aussi pour des raisons économiques (perte de productivité liée à ces épisodes extrêmes, de plus en plus fréquents) que les autorités chinoises se sont récemment engagées dans un processus de transition énergétique, entendue comme « un projet normatif dont l'objectif est de tendre vers un modèle énergétique durable » (Chabrol et Grasland, 2014, p. 1),

A l'origine de cette pollution, l'activité industrielle, les centrales thermiques (qui fonctionnent bien souvent au charbon), mais aussi le chauffage domestique et, surtout, la circulation automobile. La Chine n'est désormais plus le « pays du vélo » : sous la conjonction d'une hausse soutenue des revenus et de l'attrait pour l'automobile, le parc chinois a été multiplié par 5 entre 2003 et 2012[1].

Ainsi, la transition énergétique chinoise a une dimension urbaine marquée. Lieu de concentration extrême de la pollution atmosphérique, les villes sont aussi l'échelle privilégiée pour la mise en place de politiques de lutte anti-pollution. La ville, parce qu'elle concentre population et activités sur un territoire restreint, est l'échelle pertinente pour la mise en application des principes du développement durable (Nijkamp et Pepping, 1998). Or, la place de plus en plus importante prise par les villes dans l'organisation territoriale de la Chine – la population urbaine a été multipliée par 3 ces 35 dernières années, dépassant en 2011 le seuil symbolique des 50% de population urbanisée – offre une opportunité aux autorités pour la définition de politiques efficaces de lutte contre la pollution atmosphérique.

Cet article se concentre sur une source particulière des émissions de polluants : la mobilité quotidienne. Les pays occidentaux ont engagé depuis une vingtaine d'années des politiques volontaristes de réduction du trafic automobile en milieu urbain, notamment par une action sur la forme urbaine sous le mot d'ordre de la compacité. Mais rien ne permet de supposer a priori que ce type de politiques serait efficace pour les villes chinoises. C'est pourquoi de nombreux auteurs plaident vigoureusement pour développer les travaux sur le lien forme urbaine – mobilité quotidienne dans le cas spécifique de la Chine (e.g. Zheng et al., 2013). Le besoin s'en fait nettement ressentir, d'abord pour savoir en quoi il diffère du cas occidental, déjà extensivement traité, ensuite comme aide à la décision pour les décideurs locaux (Ma et al., 2014). Après avoir retracé le débat sur la ville compacte dans la littérature, nous nous interrogeons sur le caractère compact des villes chinoises, puis nous testons empiriquement les déterminants de la mobilité dans les villes des provinces chinoises, en mettant l'accent sur leurs caractéristiques spatiales et urbaines.

1. LE DÉBAT SUR LA VILLE COMPACTE ET LA MOBILITÉ EN OCCIDENT

Avec l'émergence du développement durable comme cadre normatif guidant tant l'action que la réflexion au début des années 1990, un certain nombre de problématiques urbaines se trouvent renouvelées. On passe ainsi d'un relatif « oubli des lieux » - avec les discussions autour du concept de « ville globale » et de métropoli-

[1] Et la marge de progression reste somme toute importante puisqu'avec 109 automobiles pour 1000 habitants, la Chine reste en retrait par rapport à l'Europe (environ 500) et aux Etats-Unis (environ 600) – chiffres donnés dans Le Figaro, 07/06/2013, et Le Monde, 19/04/2015.

sation, ou encore le succès du paradigme de la ville « en réseau » – à un renouveau de l'intérêt pour les formes urbaines (Lacour, 1993). C'est l'étalement urbain, en tant que forme contemporaine de la croissance urbaine, qui va focaliser l'intérêt : caractérisé par une urbanisation périphérique à faible densité, il rentre en congruence avec l'usage de l'automobile : d'une part, les gains de vitesse permis par l'automobile ont été traduits en un allongement des distances parcourues plutôt qu'en gain de temps, concourant ainsi à l'extension spatiale du périmètre urbanisé ; de l'autre, l'urbanisation à faible densité typique de l'étalement a produit une « dépendance automobile » (Dupuy, 1999), au sens où l'usage de l'automobile devient une nécessité plus qu'un choix. La conséquence est un accroissement considérable du trafic automobile et des émissions de polluants atmosphériques.

D'un point de vue théorique, l'étalement urbain est le résultat de choix individuels rationnels, mais la non-prise en compte des coûts sociaux générés par les comportements individuels (ici, la pollution atmosphérique, comme externalité négative de la consommation de transport) peut amener à un équilibre urbain sous-optimal (Deal et Schunk, 2004 ; Cavailhès, 2004). L'irruption du développement durable comme cadre idéologique a conduit à une stigmatisation de l'étalement urbain (Downs, 1998).

Dans un premier temps, la quête d'un développement urbain durable s'est surtout traduite dans les politiques de transport, à la fois pour « gêner » le trafic automobile (politique de stationnement, piétonnisation...) et pour favoriser les modes alternatifs (« renaissance » des tramways, développement des modes « actifs »...). Cette évolution vers la durabilité devait entériner une véritable révolution dans les politiques de transport urbain, les décennies précédentes ayant au contraire été consacrées à « l'adaptation de la ville à l'automobile » (Pouyanne, 2005a).

Très vite, l'action sur la forme urbaine elle-même s'est imposée. L'idée qu'il existe une « forme urbaine durable » devait faire florès dans la littérature tout au long des années 1990 (Jenks et al., 1996). En s'appuyant sur les travaux de Newman et Kenworthy (1989, 1998), qui établissaient une relation inverse entre densité urbaine et consommation d'énergie pour les transports, l'action sur la forme urbaine s'oriente vers la maîtrise de l'étalement urbain, afin d'orienter les comportements de mobilité vers les modes alternatifs à l'automobile. On en voit les preuves dès la fin des années 1990, aux Pays-Bas avec la politique « ABC » (Van der Walk, 2002), aux Etats-Unis avec le Nouvel Urbanisme (Steuteville, 2000) et la *smart growth*, en France avec le mot d'ordre de la « reconstruction de la ville sur elle-même » (Theys et Emelianoff, 1999).

Une notion émerge alors, destinée à guider l'action : la ville compacte. La littérature des années 1990 est marquée par une exploration de cette forme urbaine durable, dont les caractéristiques, au cours d'une décennie de débats, se précisent graduellement : la ville compacte est une ville aux densités élevées, au tissu continu, et présentant une diversité dans l'usage de ses sols. Elle s'affirme donc bien comme « l'antonyme » de l'étalement urbain (Gordon et Richardson, 1997).

Si l'on veut résumer quelque vingt ans de débat scientifique sur l'interaction entre la forme urbaine et la mobilité quotidienne[2], plusieurs caractéristiques peuvent être retenues qui permettent de dessiner une forme urbaine durable. D'abord, les fortes densités diminuent les distances parcourues (e.g. Chatman, 2003) et produisent une « ville des courtes distances », favorisant le report vers les modes alternatifs (Cervero et Kockelman, 1997) ; en outre, des niveaux élevés de densité

[2] Une excellente revue de cette littérature (bien qu'un peu biaisée en direction de la littérature américaine) peut être trouvée chez Ewing et Cervero, 2010.

sont associés à de forts niveaux de congestion, qui grèvent la compétitivité-temps de l'automobile au profit d'autres modes (Levinson et Kumar, 1997, p. 148) ; la fréquentation et la rentabilité des transports en commun sont également supérieures en situation de densité élevée (Kenworthy et Laube, 1999). Ensuite, la continuité dans l'urbanisation génère, elle aussi, de plus faibles distances de déplacement et un partage modal en défaveur de l'automobile (Burton, 2000), diminuant ainsi les impacts environnementaux de la mobilité quotidienne (Pouyanne, 2005c). En effet, l'étalement urbain se caractérise très souvent par un développement discontinu dans l'espace (Cavailhès et al., 2003), un phénomène connu dans la littérature sous le nom de *leapfrog development* (Pouyanne, 2014).

Au-delà de la densité, la diversité des fonctions urbaines (mixité fonctionnelle) – à l'inverse des pratiques de zonage monofonctionnel où chaque partie de la ville est affectée à un certain type d'activité – est elle aussi facteur de mobilité durable : en rapprochant les origines des destinations, elle accroît l'usage des modes « actifs » tels que la marche à pied ou le vélo, plus compétitifs sur des courtes distances. Elle est généralement mesurée par le mélange entre emplois et résidences (Peng, 1997 ; Camagni et al, 2002), la présence de certains types d'activités (par ex., le commerce de détail – Boarnett et Sarmiento, 1998 ; Cervero et Kockelman, 1997), ou un indice synthétique de diversité des emplois (Kockelman, 1996).

Enfin, un dernier point concerne la polycentralité, pour laquelle il n'existe pas vraiment de consensus scientifique : la relation entre le degré de polycentralité et les comportements de mobilité reste ambiguë[3]. D'un côté, la constitution de plusieurs centres d'emploi génère davantage de déplacements atypiques, tels que les déplacements dits « périphériques » (de périphérie à périphérie) (Cervero et Wu, 1998) ou les « pérégrinations » (*multi-purpose travelling*) au sein de l'aire urbanisée (Wiel, 2001). De l'autre, la formation d'une structure urbaine polycentrique, en massifiant les déplacements de centres à centres, permet une meilleure desserte de l'espace urbain en transports en commun et une réduction de l'usage de l'automobile (Nicolas et al., 2012). La politique qui consiste à adosser le réseau de transport en commun aux centres périphériques et, réciproquement, à renforcer les centralités bien desservies en transport en commun, est connue sous le nom de *Transit-Oriented Development* (TOD).

Basé sur cette littérature, le modèle de ville compacte, en s'affinant progressivement, va inspirer les grands principes des politiques d'urbanisme des villes occidentales à partir du milieu des années 1990 : renouvellement des centres-villes ; contrôle de l'urbanisation en périphérie, à travers la mise en place de contraintes sur la constructibilité ; édiction de nouveaux principes pour la construction des nouveaux quartiers, donnant moins de place à l'automobile et favorisant les modes « doux », à l'instar des éco-quartiers par exemple.

Si l'on accepte les résultats de cette littérature, une question centrale est de savoir dans quelle mesure les villes chinoises, par leurs caractéristiques morphologiques, s'écartent des villes occidentales, sur le plan de la densité, mais aussi de la répartition des fonctions urbaines ou du degré de polycentralité. Il est donc pertinent de les caractériser à l'aune de la compacité.

[3] La littérature sur *l'excess commuting* (Hamilton, 1982) établit théoriquement que, par rapport à une situation optimale qui serait la ville monocentrique, une structure polycentrique génère entre 11% et 87% de déplacements supplémentaires (pour une revue de cette littérature, voir Pouyanne, 2005b, p. 147 et suiv.).

2. LA FORME DES VILLES DANS L'ESPACE CHINOIS

L'évolution de la ville chinoise depuis la fin de la période maoïste peut être décomposée en deux périodes : après un relâchement général des contraintes urbanistiques, il semble que le mouvement récent passe par une planification plus serrée de la forme urbaine.

2.1. De la ville maoïste à la ville "post-réforme" : compacité, expansion, transformation

Dans les formes héritées de la période maoïste, les villes chinoises, peu développées à l'époque, sont surtout un centre du pouvoir administratif et un lieu de production de biens destinés aux marchés externes. Elles se caractérisent par un très haut niveau de compacité (Wang, 2010) :
- des densités élevées : la densité moyenne des villes chinoises est parmi les plus hautes du monde : selon Tan et al (2008), 8 des 20 villes les plus denses du monde sont en Chine (sans compter Hong-Kong et Taïwan). Les densités s'étagent de 4000 hab./km2 (Kalamyi City) à plus de 20 000 hab./km2 (Fuzhou), largement supérieures aux 7 000 hab./km2 de la ville la plus dense des Etats-Unis (New York) ou aux 3700 hab/km2 de l'agglomération parisienne[4] ;
- une forte mixité des usages du sol, héritée du système de « l'unité de travail » (*danwei*)[5]. Même si cette organisation a été considérablement assouplie depuis 1984, l'héritage des *danwei* reste encore présent : ainsi à Guangzhou, Cho-Yam-Lau (2013) constate que plus de la moitié des répondants habitent et travaillent dans le même district.

Cette organisation si particulière des villes chinoises va lentement se modifier à partir des réformes des années 1980 et 1990. Le relâchement des contraintes pesant sur la mobilité de la population, la disparition progressive des *danwei*, mais aussi l'enrichissement de la société, vont transformer les villes chinoises dans le sens d'une expansion et d'une transformation (Yang et Gakenheimer, 2007). Expansion, au sens de l'étalement urbain : Zhao (2010) constate par exemple une baisse conséquente de la densité urbaine à Pékin (-27% entre 1990 et 2001), conduite notamment par la construction de nouveaux quartiers périphériques à faible densité. Plus généralement, Chen et al. (2008) constatent une baisse des densités dans 9 des 10 plus grandes villes chinoises entre 1996 et 2000. Transformation, parce que les structures de localisation des activités urbaines changent, et les usages du sol évoluent vers moins de diversité. Dans le grand processus de relocalisation qui suit, d'une part la fin des « unités de travail » et d'autre part la transformation des villes vers davantage de tertiarisation (Lin, 2004), la séparation spatiale des lieux de travail et de résidence s'est accrue significativement (Yang, 2006).

Ainsi la ville chinoise, en s'étalant, ne reproduit-elle pas sa forme mixte traditionnelle. Des changements structurels apparaissent, notamment la formation légèrement excentrée de *Central Business Districts* ou centres d'affaires, comme Pudong à Shanghaï, ou encore la création de zones d'activités économiques monofonctionnelles en périphérie, destinées notamment à accueillir les industries, devenues indésirables dans des villes qui, par la tertiarisation et la croissance des revenus

[4] Ce genre de comparaisons internationales n'a certes que peu de sens sans un travail approfondi de mise en conformité des périmètres urbanisés (Moriconi-Ebrard, 1994). Les ordres de grandeur, même entachés d'une marge d'erreur, nous semblent toutefois suffisamment parlants.

[5] Organisation spatiale propre à la période maoïste, associant la résidence du travailleur à son lieu de travail et lui procurant une large gamme de services. Les *danwei* sont composés comme une ville en miniature, auto-suffisante pour les besoins quotidiens, et le contrôle de l'accès (entrée ou sortie) y est rigoureux (Gaubatz, 1995).

réels, deviennent de plus en plus des lieux de consommation – des *consumer cities* (Glaeser et al., 2001).

A l'origine de ces bouleversements morphologiques, on peut lire l'influence de plusieurs évolutions de fond quant à la transformation économique de la société chinoise. D'abord, la libéralisation des marchés fonciers urbains, dans les années 1990, a fait émerger un modèle d'urbanisation de type « entrepreneurial » (Wu, 2015), où les autorités locales cherchent à valoriser leurs ressources foncières, contribuant ainsi à une consommation extensive de sols, et donc à l'étalement (Zhao, 2010). Contrairement à la suburbanisation occidentale, principalement le fait des classes moyennes et hautes, l'étalement des villes chinoises se fait principalement sous la poussée des classes populaires, comme dans le cas de la ville de Changsa étudié par Xu et Zhang (2017) : les terrains périphériques sont le lieu de la construction non seulement de logements d'entrée de gamme pour les ménages modestes (car la charge foncière est moins importante), mais aussi de logements publics (sociaux), réalisée par les gouvernements locaux à plus grande distance de la ville pour préserver les revenus fonciers des terres plus proches du centre.

Ensuite, le fait de confier aux gouvernements locaux la charge du développement économique les a conduits à se servir des terrains abordables en périphérie pour attirer les entreprises en créant ex nihilo des zones d'activités périphériques, notamment pour élargir leur base fiscale (Zheng et al., 2013). La croissance des zones de développement économique a été telle (de 4120 en 1996 à 6866 en 2003, pour un peu plus de 38600 km2) que le gouvernement a dû légiférer en 2006 pour encadrer le mouvement (Huang et al., 2017).

Enfin, l'automobilisation de la population, en raison des « effets de club » liés à l'appartenance au système automobile, s'accompagne inévitablement d'une expansion des infrastructures routières (Dupuy, 1999), concourant non seulement à l'extension de la ville, mais aussi à une consommation foncière extensive, comme c'est le cas par exemple à Yongzhou, où 20% du sol des nouveaux développements urbains est systématiquement alloué à la route (Yang et Gakenheimer, 2007).

De ces évolutions morphologiques de l'urbanisation découle un bouleversement des comportements de mobilité, dans le sens d'un accroissement important du trafic automobile et de la congestion (Han et al., 2018) : les temps de trajet domicile-travail auraient augmenté de 30%, et la part des modes motorisés serait passée de 25% à 41% en à peine une dizaine d'années (Yang, 2006). C'est pourquoi l'idée de planifier les villes chinoises vers davantage de compacité fait aujourd'hui son chemin.

2.2. La ville chinoise aujourd'hui : vers un retour en grâce de la compacité ?

Les grandes tendances qui affectent la forme des villes chinoises pourraient laisser penser que celles-ci convergeraient, avec quelques décennies de décalage, vers le modèle de ville occidentale étalée (Zheng et al., 2013). Plusieurs auteurs en appellent à penser conjointement développement urbain et politique de transport, dans le sens de davantage de compacité. Pour Yang et Gakenheimer (2007, p. 351), « une régulation forte devrait être mise en place pour s'assurer que les contraintes spatiales sont suffisamment fortes pour juguler le développement étalé ». Et dès 2008, Tan et al. en appellent à « protéger les terres arables en contrôlant l'expansion urbaine » et à « utiliser intensivement le sol urbain » (p. 472).

Afin de restreindre l'utilisation de l'automobile, il est nécessaire de proposer une alternative performante en termes de déplacements. Dès 1993, le gouvernement central exhortait les villes à améliorer leur système de transports en commun ; au début des années 2000, l'exhortation devient obligation, accompagnée d'objectifs chiffrés sur la vitesse, la fréquence et la desserte (Hu et al., 2010). Or, concevoir un système efficace de transport en commun suppose une forme urbaine à la fois dense et polycentrique. C'est le principe du *Transit-Oriented Development* : adosser le réseau de transports en commun sur des polarités périphériques, qu'il s'agira en retour de renforcer, en les densifiant et en diversifiant leurs fonctions urbaines. L'idée sous-jacente est de rendre les quartiers autour des stations de transport en commun auto-suffisants pour une bonne partie des déplacements quotidiens des usagers, leur offrant ainsi une alternative quasi-complète à l'automobile.

La procédure de planification urbaine à la chinoise, très directive et très hiérarchisée, entièrement aux mains des pouvoirs publics (Curien, 2014), permet de modeler plus aisément la forme des villes. La polycentralité peut donc être dirigée, comme le montre la politique des « villes nouvelles » (Henriot, 2015) : il s'agit de constituer *ex nihilo* des villes à part entière (donc relativement autonomes en termes de fonctions urbaines), en périphérie relativement lointaine, dans l'idée de structurer l'inévitable extension urbaine. Si les premières villes nouvelles ne sont que des « villes-satellites », caractérisées par une monofonctionnalité industrielle (à l'instar des réalisations soviétiques de l'époque), la deuxième génération répond davantage aux exigences d'autonomie et de mixité fonctionnelle, réunissant fonctions industrielles, tertiaires, résidentielles et même récréatives, comme par exemple la ville nouvelle de Riverside à Nankin (Billard et al., 2005). Enfin, à partir du début des années 2000, émerge le modèle de « l'éco-cité », avec l'ambition d'élaborer un modèle de ville durable spécifiquement chinois[6].

Cependant, sur ce point, les bonnes intentions restent souvent au stade du discours. L'exemple de Shanghaï est particulièrement parlant : le schéma de redéploiement polycentrique de la mégapole retient la constitution de 3 villes nouvelles d'environ un million d'habitants chacune : Songjiang, Jiading et Lingang-Nanhui. Sur le papier, ce sont des pôles multifonctionnels, mais les différentes fonctions restent séparées sur le plan spatial, conformément au modèle « intégrationniste » encore à l'œuvre en Chine (Doulet, 2015) [7]. Elles sont reliées à la ville-centre de Shanghaï par un réseau ferré léger, mais il s'agit sans doute plus de DOT (*Development-Oriented Transit*, où les transports en commun « suivent » l'urbanisation) que d'un véritable *TOD*. Enfin, le gabarit des voies, le réseau autoroutier dense, montrent bien l'avantage donné a priori à l'automobile, dans une « version chinoise du *car-oriented development* ».

Dans le contexte chinois, avec l'émergence accélérée de très grandes villes, les stratégies de *TOD* semblent particulièrement bien adaptées. Les villes nouvelles, considérées comme indispensables pour planifier le développement urbain très rapide des plus grandes villes, comme Shanghaï, Pékin ou Canton, constituent l'armature sur laquelle se constitue la structure polycentrique des villes. En outre, la propriété publique du sol offre une incroyable facilité pour renforcer la densité et la multifonctionnalité autour des stations de transports en commun.

Plusieurs villes, par un engagement précoce dans la constitution d'une structure polycentrique en réseau, font figure de modèles : Guangzhou, en favorisant le développement des districts suburbains les plus proches du centre urbain et en les reliant par son nouveau métro (Cho-Yam-Lau, 2013) ; Nankin, qui a réussi à adosser son réseau de transports en commun à des polarités périphériques multifonctionnelles (les « complexes urbains ») (Delpirou, Doulet, Zhuo, 2015) ou encore

---

[6] Comme en témoignent les hésitations autour des modèles de villes nouvelles durables analysés par Henriot (2015) : « éco-cité-jardin » (Kunshan près de Shanghaï), « éco-ville » (Yanqing près de Pékin), « ville bas-carbone » (qui est plutôt un label attribué aux villes existantes, comme Chongqing), ou encore « ville durable internationale », comme la *Sino-Singapour Tianjin Eco-city (STEC)*, lancée en 2007.

[7] En Occident, c'est le modèle « fonctionnaliste », issu des principes du Mouvement Moderne.

Xiamen, cas emblématique d'une planification urbaine efficace qui « établit la densité et les dimensions du bâtiment [du projet d'aménagement du nouveau quartier de Maluan Bay] en fonction du TOD » (Morand, 2016, p. 83).

Le bilan semble donc mitigé. Si la réflexion sur la compacité et la mixité fonctionnelle avancent, et font l'objet d'une certaine communication (on pense notamment à l'écho donné à la construction des éco-cités chinoises dans la presse internationale), les réalisations semblent pour le moment rester quelque peu en-deçà, et tendent plutôt à consacrer une urbanisation orientée par l'automobile. En outre, rares sont, pour le moment, les contributions qui visent à adapter cette littérature, essentiellement occidentale, au cas si spécifique des villes chinoises. Les enjeux, à la conjonction d'une urbanisation et d'une motorisation accélérées, sont pourtant cruciaux, et l'on ne peut que suivre Yang et Gakenheimer (2007, p. 351) lorsqu'ils affirment que le véritable enjeu, désormais, est l'intégration des questions de mobilité et d'accessibilité dans les politiques d'urbanisme.

Dans le cas des villes occidentales, le thème de la « forme urbaine durable » ne s'est imposé que tardivement, alors que l'étalement avait déjà produit la majorité de ses effets délétères sur les pratiques de mobilité, et rendu très difficile un retour vers des formes plus compactes. En Chine, l'étalement comme la motorisation n'en sont qu'à leurs débuts, et l'on peut subodorer un processus d'urbanisation comparable à celui des villes occidentales, débouchant sur une ville étalée, dispersée, à forte dépendance automobile. Au contraire, en proposant un modèle de ville durable « à la chinoise », reprenant les principes de compacité et de mixité fonctionnelle tout en les adaptant aux spécificités du contexte culturel et territorial, les villes chinoises pourraient enrayer le cercle vicieux « étalement – motorisation » qui les guette. La Chine, par le pouvoir étendu des autorités et par la propriété publique du sol, possède des atouts que n'avaient pas les pays occidentaux. Il s'agit pourtant de ne pas copier aveuglément les « bonnes pratiques » occidentales. Au moment où la question de la pollution atmosphérique urbaine devient prioritaire dans son agenda politique, dans quelle mesure les autorités pourraient-elles proposer une politique environnementale volontariste et spécifique aux villes chinoises ?

3. STRUCTURE SPATIALE ET MOBILITÉ EN CHINE : QUELS LIENS ?

Nous proposons ici une analyse empirique du lien entre la structure spatiale et les comportements de mobilité, appréhendés tant du point de vue du rôle de l'automobile dans les déplacements que des émissions de polluants dus à la mobilité quotidienne.

3.1. Méthode : l'utilisation de données publiques et la construction d'un Système d'Information Géographique original

En Chine, les données sur la mobilité quotidienne sont difficilement accessibles : il s'agit la plupart du temps d'enquêtes *ad hoc*, détenues par des autorités locales fort rétives à leur transmission. En revanche, les données à l'échelle provinciale sont très précisément documentées dans les *Statistical Yearbooks* (CSY). En outre, le découpage des provinces en préfectures (cf. Carte) permet de combiner des données à deux échelles emboîtées. Il est ainsi possible de reconstituer la structure spatiale provinciale, sous les deux aspects principaux développés supra :

- des indicateurs d'urbanisation (taux d'urbanisation provincial) et de densité (densité brute et densité des aires construites), entendue comme une densité moyenne pour l'ensemble des aires urbanisées (préfectures) d'une province (indicateurs directement issus du CSY) ;

- des indicateurs de répartition des densités au sein de la province, construits sur la base des densités urbaines des préfectures composant la Province (cf. Carte), à partir d'un système d'information géographique que nous avons développé. L'indice de Theil (éq. 1) mesure le degré de concentration de la densité au sein de la province ; l'indice gravitaire (éq. 2) donne une estimation de la population dans un rayon de 200 km autour d'une ville donnée, pondérée par l'éloignement ; cet indicateur, classique en géographie, est considéré comme un bon prédicteur des flux entre unités spatiales.

$$(1)\quad T = \sum_{i=1}^{n} \frac{X_i}{S_i} . log \frac{X_i}{S_i}$$

avec *Xi* la densité de la ville *i* et *Si* la densité moyenne de la province.

$$(2)\quad \mathrm{IG} = \sum_{i=1}^{n} \frac{Pi.Pj}{{d_{ij}}^2}$$

avec *Pi,j* la population des villes *i,j* ; *dij* la distance euclidienne entre les villes *i* et *j*.

Carte. Le découpage administratif de la RPC : les niveaux provincial et préfectoral

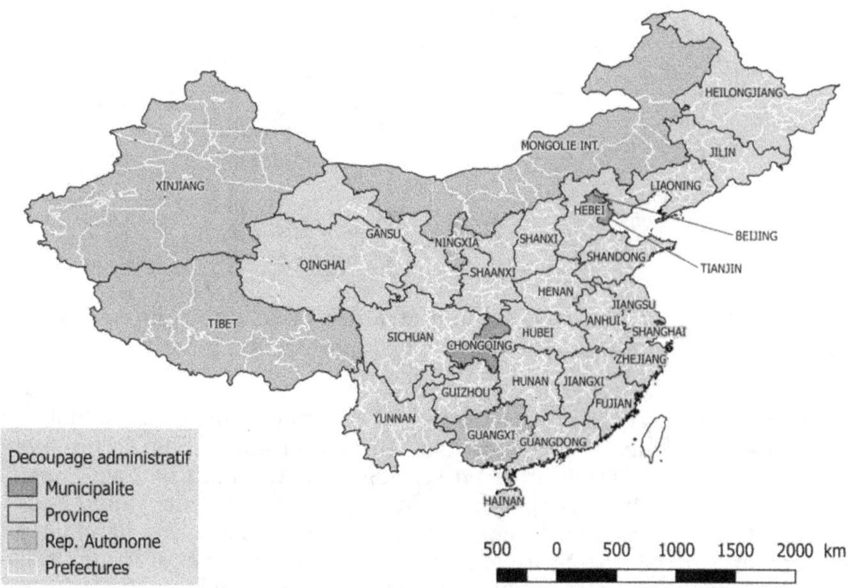

Source : China Data Web Center, University of Michigan – traitement des auteurs.

En raison des contraintes sur les données issues du SIG qui ne sont disponibles que pour l'année 2011 et du nombre relativement faible de provinces (30)[8], nous avons retenu une approche économétrique volontairement simplifiée. L'objectif est de relier divers indicateurs de mobilité à la structure spatiale de chaque province et à des variables de contrôle comme le PIB/habitant (voir tableau 1). Les estimations se font au moyen de la méthode classique des MCO, avec une bonne qualité d'ajustement. Enfin, en présence d'hétéroscédasticité sur les résidus, nous

[8] Le Tibet a été exclu en raison du trop grand nombre de données manquantes. Par ailleurs quatre provinces sont en réalité des municipalités (Shanghai, Pékin, Tianjin et Chongqing).

opérons une correction de White, et nous testons la multicolinéarité au moyen du calcul systématique des VIF (*Variance Inflation Factor*)[9].

Tableau 1. Liste des variables, définition et sources

Variable	Définition	Source	Echelle
Motorisation individuelle	Nombre d'automobiles par habitant	*China Statistical Yearbook*	Provinciale
Passagers-km/hab.	(Nombre de kilomètres parcourus x nombre de passagers du véhicule) par habitant	*China Statistical Yearbook*	Provinciale
Emissions de NOx/hab.	Emissions d'oxydes d'azote par habitant	*China Statistical Yearbook*	Provinciale
Emissions de PM/hab.	Emissions de particules (< 25 microns) par habitant	*China Statistical Yearbook*	Provinciale
PIB/hab.	Produit intérieur brut par habitant	*China Statistical Yearbook*	Provinciale
Densité bâtie	Densité résidentielle (nombre d'habitants par unité de surface) des espaces urbains bâtis uniquement	*China Statistical Yearbook*	Provinciale
Taux d'urbanisation	Proportion de la population provinciale résidant en ville	*China Statistical Yearbook*	Provinciale
Municipalités	Muette égale à 1 si la Province est une des 4 municipalités (Pékin, Shanghaï, Chongqing, Tianjin), 0 sinon	*China Statistical Yearbook*	Provinciale
Prix immobilier/m^2	Moyenne des prix immobiliers au m^2 de surface habitable	*China Statistical Yearbook*	Provinciale
Theil densités	Degré de concentration de la densité (éq. 1)	*China Statistical Yearbook* SIG auteurs	Provinciale, à partir des densités à l'échelle préfectorale
Indice gravitaire	Somme de la population dans un rayon de 200km autour de chaque préfecture, pondérée par l'éloignement (éq. 2)	*China Statistical Yearbook* SIG auteurs	Provinciale, à partir des populations à l'échelle préfectorale

3.2. Les résultats des estimations économétriques : vers une confirmation de l'effet de la compacité sur les déplacements quotidiens dans les provinces chinoises ?

• Une dimension essentielle, dans l'analyse des comportements de mobilité en lien avec la transition énergétique, concerne le rôle de l'automobile. La première étape consiste donc à différencier la possession de l'utilisation de l'automobile (cf. Tableau 2). Les variables à expliquer dont les données sont disponibles sont, respectivement, la motorisation (nombre de véhicules possédés par habitant) et les passagers-km / hab. (c'est-à-dire le nombre de kilomètres parcourus multiplié par le nombre de passagers du véhicule, ramené au nombre d'habitants).

Le niveau de richesse individuelle (mesuré par le PIB/hab.) a bien un effet sur la possession automobile, d'autant plus que le niveau de vie moyen en Chine est encore relativement faible. En revanche, l'effet sur les distances parcourues n'est pas significatif : en d'autres termes, le niveau de richesse individuelle a un effet sur la capacité à supporter les coûts fixes de l'automobilisation (l'achat du véhicule), mais non sur les coûts variables (l'utilisation du véhicule).

[9] La correction dite « de White » fournit une estimation convergente de la matrice des variances-covariances des paramètres estimés, et permet ainsi de réaliser les tests post-estimation (White, 1980). Le facteur d'inflation de variance (VIF) quantifie la sur-estimation de la variance du coefficient en présence de multicolinéarité. La règle généralement retenue pointe un problème de multicolinéarité pour des VIF supérieures à 10. Ici, aucune VIF ne dépasse 5.

Tableau 2. Résultats des estimations MCO de la possession/utilisation de l'automobile

	Motorisation individuelle		Passagers-km / hab.	
	Coeff.	*t-value*	Coeff.	*t-value*
PIB/hab	0.00159	2.77**	6.18e-07	0.50
Densité bâtie	-0.00232	-1.92*	-4.95e-06	-2.35**
Indice gravitaire	5.97e-09	1.77*	1.80e-11	3.49***
Taux d'urbanisation	-2.478	-2.07*	-0.00331	-1.65
Theil densités	9.978	1.04	0.02617	1.85**
Municipalités	-19.079	-1.00	-0.09801	-2.88***
Prix immobilier/m^2	0.00582	2.19**	5.58e-07	0.12
Constante	111.061	2.25**	0.38728	5.45***
R^2 adj.	0.78		0.41	

*Source : CSY 2011, SIG et traitement auteurs ; *p<0.10, **p<0.05 ; ***p<0.01.*

Les variables d'urbanisation (taux d'urbanisation) et de son intensité (densité bâtie) ont un effet négatif sur la motorisation : le milieu urbain permet d'utiliser les modes alternatifs à l'automobile (ex. transports en commun) : on a là une illustration du "théorème de la localité". Seule la densité bâtie a une influence sur l'utilisation de l'automobile, ce qui corrobore la littérature sur la ville compacte (cf. *supra*). Il est possible néanmoins que cet effet de la densité sur l'usage et la possession d'une automobile cache une influence latente : ainsi, les villes les plus denses sont aussi les plus pauvres, dans la mesure où les villes les plus riches, telles que Shanghai ou Pékin, ont plus tendance à s'étaler – cette relation entre le niveau de revenu et la consommation d'espace par personne est un des principes fondamentaux de l'économie urbaine (Muth, 1969). Il pourrait donc s'agir, derrière l'effet de la densité, d'un simple effet de richesse, par ailleurs confirmé par l'influence positive du prix immobilier.

Concernant l'influence de la structure spatiale, les hypothèses habituelles sont corroborées. D'une part, l'indice gravitaire a un impact positif sur l'utilisation de l'automobile : plus les opportunités de déplacement sont nombreuses, plus les déplacements le seront. Cela justifie le principe du TOD, qui consiste à regrouper, dans un périmètre restreint, un nombre maximal d'opportunités de déplacement. D'autre part, la répartition des densités au sein de la province se lit de la manière suivante : plus la densité est concentrée au sein de la province (structure monocentrique) plus les déplacements sont nombreux et/ou de longue portée, confirmant ainsi les résultats obtenus par Nicolas et al. (2012) dans le cas de quatre grandes villes françaises, et infirmant les simulations menées dans la littérature sur l'*excess commuting*. Ainsi, une structure polycentrique tendrait à diminuer l'impact écologique des déplacements, conformément au modèle de polycentrisme en réseau.

• La deuxième série de régressions porte sur les émissions polluantes liées à la mobilité (cf. Tableau 3). La variable de richesse des ménages a un impact sur les émissions polluantes, probablement en raison du lien avec l'automobilisation, mais de façon beaucoup moins significative. La densité bâtie des aires urbanisées a l'impact négatif attendu sur les émissions polluantes, conforme aux résultats précédents sur l'utilisation de l'automobile.

Il apparaît un effet à la baisse des prix immobilier au mètre carré sur les émissions polluantes. Une hypothèse possible est de l'interpréter en termes d'interaction avec les aménités environnementales, dont notamment la qualité de l'air. Ces aménités sont capitalisées dans les prix immobiliers et poussent les propriétaires à faire pression sur les autorités pour une politique environnementale volontariste (Clingermayer, 2004). On a déjà évoqué plus haut le changement progressif de structure économique des villes chinoises vers le développement d'activités de service, notamment vers les activités dites « résidentielles » qui sont orientées vers la satisfaction de la demande locale. Ce que l'on voit là, ce sont peut-être les prémisses de l'émergence d'une *Consumer City*, déjà notée pour les villes occidentales, où les aménités urbaines et environnementales prennent une certaine importance (Glaeser et al., 2001).

Tableau 3. Résultats des estimations MCO des polluants atmosphériques

	Emissions de NOx / hab.		**Emissions de PM / hab.**	
	Coeff.	*t-value*	Coeff.	*t-value*
PIB/hab	0.00016	1.97**	0.0000121	1.23
Densité bâtie	-0.0003616	-2.66**	-0.0000275	-2.26**
Indice gravitaire	-1.91e-10	-0.72	-2.74e-11	-0.95
Taux d'urbanisation	-0.0137017	-0.21	0.00565	1.05
Theil densités	0.8551	0.81	-0.00115	-0.01
Municipalités	-0.6951	-0.42	-0.1473	-0.72
Prix immobilier/m²	-0.000661	-3.50***	-0.0000776	-2.93***
Constante	5.9058	1.33	0.3169	0.77
R^2 adj.	0.60		0.54	

*Source : CSY 2011, SIG et traitement auteurs ; *p<0.10, **p<0.05 ; ***p<0.01.*

CONCLUSION

Les villes chinoises sont confrontées à de très importantes dégradations environnementales et à des niveaux de pollutions atmosphériques parmi les plus élevés du monde. Alors que la transition énergétique et urbaine se met en place sous l'impulsion du gouvernement central, nous questionnons la capacité des villes et de leurs autorités à agir sur leur morphologie et leur structure spatiale pour influer sur les comportements de déplacements quotidiens. Dans la littérature sur le lien entre forme urbaine et mobilité quotidienne, la densité, la mixité des fonctions urbaines et la polycentralité sont vues comme des avantages pour réduire le trafic automobile et encourager le report vers des modes plus économes en énergie. Or l'héritage historique des villes chinoises qui leur attribue ces caractéristiques est mis à mal par l'évolution récente vers davantage d'étalement et de séparation des fonctions. Même si l'analyse empirique n'est menée qu'à l'échelle provinciale, nos résultats suggèrent que la structure spatiale joue un rôle non négligeable sur les comportements de mobilité, et corroborent dans une certaine mesure la littérature sur les avantages de la ville compacte. La question se pose donc de savoir dans quelle mesure les villes de l'espace chinois sont susceptibles de construire un modèle original basé sur ces approches, tout en les adaptant au contexte économique et politique si particulier du pays le plus peuplé du monde.

REFERENCES

Billard G., Cordier A., Lemoine L., 2005, Riverside, anatomie d'une ville nouvelle chinoise, *Les Annales de la Recherche Urbaine*, 98, pp. 159-166.

Boarnett M. G., Sarmiento S., 1998, Can land-use policy really affect travel behaviour ? A study of the link between non-work travel and land-use, *Urban Studies*, 35 (7), pp. 1155-1169.

Burton E., 2000, The compact city: just or just compact?, *Urban Studies*, 37 (11), pp. 1969-2001.

Camagni R., Gibelli M. C., Rigamonti P., 2002, Forme urbaine et mobilité : les coûts collectifs des différents types d'extensions urbaine dans l'agglomération milanaise, *Revue d'Economie Régionale et Urbaine*, 1, pp. 105-139.

Cavailhès J., 2004, L'extension des villes et la périurbanisation, *in* Institut des villes (éd.), *Villes et économie*, Paris, La Documentation Française, pp. 157-184.

Cavailhès J., Peeters D., Sekeris E., Thisse J.-F., 2003, La ville périurbaine, *Revue Economique*, 54 (1), pp. 5-24.

Cervero R., Kockelman K., 1997, Travel demand and the 3Ds: density, diversity and design, *Transportation Research vol. D*, 2(3), pp. 199-219.

Cervero R., Wu K.-L., 1998, Sub-centring and commuting : evidence from the San Francisco Bay Area, 1980-1990, *Urban Studies*, 35 (7), pp. 1059-1076.

Chabrol M., Grasland L., 2014, Contraintes spatiales et enjeux territoriaux d'une déclinaison régionale de la transition énergétique : l'exemple de la région PACA, *VertigO*, vol 14, n°3.

Chatman D. G., 2003, The influence of workplace land use and commute mode choice on mileage traveled for personal commercial purposes, *82nd Transportation Research Board 2003 Annual Meeting*, 12-16 janvier 2003, Washington D.C.

Chen H., Jia B., Lau S.S.Y., 2008, "Sustainable urban form for Chinese compact cities: challenges for a rapid urbanized economy", *Habitat International*, vol 32, pp. 28-40.

Cho-Yam-Lau J., 2013, Sustainable urban transport planning and the commuting patterns of poor workers in a historic inner city in Guangzhou, China, *Habitat International*, 39, pp. 119-127.

Clingermayer J. C., 2004, "Heresthetics and happenstance: intentional and unintentional impacts of the zoning decision-making process", *Urban Studies*, vol 41, n° 2, pp. 377-388.

Curien R., 2014, La planification des villes chinoises : une machine hyper-fonctionnaliste ?, *Perspectives Chinoises*, 3, pp. 27-35.

Deal B., Schunk D., 2004, Spatial dynamic modeling and urban land use transformation. A simulation approach to assessing the costs of sprawl, *Ecological Economics*, 51 (1-2), pp. 79-95.

Delpirou A., Doulet J.-F., Zhuo J., 2015, Coordonner urbanisme et transports collectifs : un référentiel à l'épreuve de la ville « made in China », *Flux*, 3 (101-102), pp. 42-56.

Downs A., 1998, The costs of sprawl and alternative forms of growth, *CTS Transportation Research Conference*, Minneapolis.

Doulet J.-F., 2015, L'urbanisme chinois et l'émergence du modèle « intégrationniste », *Métropolitiques*, http://www.metropolitiques.eu/L-urbanisme-chinois-et-l-emergence.html

Dupuy G., 1999, *La dépendance automobile. Symptômes, analyses, diagnostic, traitements*, Paris, Economica.

Gaubatz P. R., 1995, Urban transformation in post-Mao China : impacts of the reform era on China's urban form, *in* Davis *et al.*, 1995, *Urban spaces in contemporary China : the potential for autonomy and community in post-Mao China*, Woodrow Wilson Center Press, 462 p.

Glaeser E. L., Kolko J., Saiz A., 2001, Consumer City, *Journal of Economic Geography*, 1 (1), pp. 27-50.

Gordon P., Richardson H. W., 1997, Are compact cities a desirable planning goal ?, *Journal of the American Planning Association*, 63 (1), pp. 95-106.

Han F., Xie R., Lai M., 2018, Traffic density, congestion externalities, and urbanization in China, *Spatial Economic Analysis*, 13, pp. 400-421.

Henriot C., 2015, Les politiques chinoises de villes nouvelles : trajectoires et ajustements de l'action publique urbaine à Shanghaï, *Géocarrefour*, 90/1, pp. 27-38.

Hu X. et al., 2010, Energy for sustainable road transportation in China : challenges, initiatives and policy implications, *Energy*, 35, pp. 4289-4301.

Huang Z., He C., Zhu S., 2017, Do China's economic development zones improve land use efficiency ? The effects of selection, factor accumulation and agglomeration, *Landscape and urban Planning*, 162, pp. 145-156.

Huchet J.-F., 2016, *La crise environnementale en Chine. Evolutions et limites des politiques publiques*, Paris, Les Presses de Sciences Po, coll. « Académique », 152 p.

Huriot J-M., 1998, *La ville ou la proximité organisée*, Paris, Economica.

Jenks M., Burton E., Williams K., (éd.), 1996, *The Compact City : a sustainable urban form ?*, Oxford, E & FN Spon.

Kenworthy J. R., Laube F. B., 1999, Patterns of automobile dependence in cities. An international overview of key physical and economic dimensions with some implications for urban policy, *Transportation Research Part A*, 33, pp. 691-723.

Kockelman K. M., 1996, *Travel beahviour as a function of accessibility, land use mixing and land use balance. Evidence from the San Francisco Bay Area*, Thesis submitted for the degree of Master of City Planning, University of California, Berkeley.

Lacour C., 1993, Métropolisation ou la ville oubliée, *in* CGP, DATAR, *Mutations économiques et urbanisation. Cinq ans de recherches et d'expérimentations*, Paris, La Documentation Française, pp. 63-103.

Levinson D. M., Kumar A., 1997, Density and the journey to work, *Growth and Change*, vol. 28 (spring), pp. 147-172.

Li G., Luan X., Yang J., Lin X., 2013, Value capture beyond municipalities : transit-oriented development and inter-city passenger rail investment in China's Pearl River Delta, *Journal of Transport Geography*, 33, pp. 268-277.

Lin G. C. S., 2004, The Chinese globalizing cities : national centers of globalization and urban tranformation, *Progress in Planning*, 61 (3), pp. 143-157.

Ma J., Mitchell G., Heppenstall A., 2014, Daily travel behaviour in Beijing, China : an analysis of workers' trip chains, and the role of socio-demographics and urban form, *Habitat International*, 43, pp. 263-273.

Morand L., 2016, Xiamen, construction d'un modèle d'intégration environnementale dans la planification urbaine chinoise, *Information Géographique*, 3, pp. 72-88.

Moriconi-Ebrard F., 1994, *GEOPOLIS – Pour comparer les villes du monde*, Economica, Anthropos, coll. « Villes », 246 p.

Muth R. F., 1969, *Cities and housing. The spatial pattern of urban residential land use*, Chicago, The University of Chicago Press.

Newman P. W. G., Kenworthy J. R., 1989, Gasoline consumption and cities. A comparison of U.S. cities with a global survey, *Journal of the American Planning Association*, 55 (1), pp. 24-37.

Newman P. W. G., Kenworthy J. R., 1998, *Sustainability and cities. Overcoming automobile dependence*, Washington D. C., Island Press.

Nicolas J.-P., Vanco F., Verry D., 2012, « Mobilité quotidienne et vulnérabilité des ménages », *Revue d'Economie Régionale et Urbaine*, 1, pp. 19-44.

Nijkamp P., Pepping G., 1998, A Meta-analytical Evaluation of Sustainable City Initiatives, *Urban Studies*, 35(9), pp. 1481-1500.

Peng Z.-R., 1997: The jobs-housing balance and urban commuting, *Urban Studies*, 34 (8), pp. 1215-1235.

Pouyanne G., 2005a, Etalement et mobilité quotidienne. A la recherche d'une forme urbaine « soutenable », *in* C. Lacour, E. Perrin, N. Rousier (éd.), *Les nouvelles frontières de l'économie urbaine*, Paris, Editions de l'Aube, pp. 55-67.

Pouyanne G., 2005b, *Forme urbaine et mobilité quotidienne*, Thèse d'Etat en Sciences Economiques, Université de Bordeaux.

Pouyanne G., 2005c, Urban Form and Travel Patterns. An application to the metropolitan area of Bordeaux, *Canadian Journal of Regional Science*, XXVIII (1), pp. 19-47.

Pouyanne G., 2014, Théorie économique de l'urbanisation discontinue, *Revue d'Economie Régionale et Urbaine*, 4, pp. 587-611.

Song Y., 2005, Smart growth and urban development pattern : a comparative study, *International Regional Sceince Review*, 28 (2), pp. 239-265.

Steuteville R., 2000, The New Urbanism. An alternative to modern, automobile-oriented planning and development, *New Urban News*, http://www.newurbannews.com.

Tan M. et al, 2008, Urban population densities and their policy implications in China, *Habitat International*, 32, pp. 471-484.

Theys J., Emelianoff C., 1999, Les contradictions de la ville durable, *Le Débat*, 113, pp. 122-135.

Van Der Walk A., 2002, The Dutch Planning Experience, *Landscape and Urban Planning*, 58, pp. 201-210.

White H., 1980, A heteroskedasticity-consistent covariance matrix estimator and a direct test for heteroskedasticity, *Econometrica*, vol 48, n°4, pp. 817-838.

Wiel M., 2001, *Ville et automobile*, Paris, Descartes & Cie.

Wu F., 2015, *Planning for Growth: Urban and Regional Planning in China*, Londres, Routledge.

Xu Y., Zhang X., 2017, The residential resettlement in suburbs of chinese cities : a case study of Changsha, *Cities*, 69, pp. 46-55.

Yang J. W., 2006, Transportation implications of land devlopment in a transitional economy: evidence from housing relocation in Beijing, China, *Journal of Transportation Board*, 1954, pp. 7-14

Yang J., Gakenheimer R., 2007, Assessing the transportation consequences of land use transformation in urban China, *Habitat International*, 31, pp. 345-353.

Zhao P., 2010, Sustainable urban expansion and transportation in a growing megacity : consequences of urban sprawl for mobility on the urban fringe of Beijing, *Habitat International*, 34, pp. 236-243.

Zheng S., Kahn M. E., Sun W., Luo D., 2013, Incentives for China's urban mayors to mitigate pollution externalities: the role of the central government and public environmentalism, *Regional Science and Urban Economics*, 47, pp. 61-71.

Automobile use and the spatial structure in China: questioning the compact city model

Abstract - The "compact city" model – that is to say, a dense city with mixed uses – has been presented in the literature in recent years as a "sustainable urban form" in Western countries. The question arises to what extent such reasoning is transposable to China. In the first part of the paper, we review the debate on the compact city of the last twenty years. Then, we present Chinese cities' characteristics as far as compacity is concerned : high densities and mixed land uses, a strong regulation power and public property of land. However, some recent trends, such as sprawling and the increase of automobile possession, show that Chinese urban form tends to converge towards the occidental model of urbanization. In the last part of the paper, we test empirically the link between urban form and daily mobility in the Chinese case. Our analysis tend to confirm some preceding results : high densities and polycentrality induce a decrease in automobile use and reduce air pollution.

Key-words

Compact city
Automobile dependence
Urban form
Daily mobility

REVUE RÉGION ET DÉVELOPPEMENT

Site Web : www.regionetdeveloppement.org

Recommandations aux auteurs

La Revue Région et Développement publie en français ou en anglais des articles originaux, des notes et documents et des comptes rendus de lecture. Pour soumission à publication, l'auteur doit adresser à la rédaction de la revue le texte par courrier électronique (ou le manuscrit dactylographié en deux exemplaires). La présentation des chapitres, des références bibliographiques et des notes de bas de page doit être conforme à celle de la revue. Les articles doivent être accompagnés d'un résumé en français et en anglais d'une dizaine de lignes, des mots-clés correspondants et de la classification du JEL. Le nom de l'auteur, l'institution à laquelle il appartient et l'adresse complète doivent figurer en page de garde.
Les articles proposés à la revue Région et Développement sont évalués par le Comité de rédaction puis soumis de manière anonyme à un ou deux referees. L'auteur reçoit un rapport d'évaluation, lui aussi anonyme, concluant à publication, révision ou refus.
Après avis favorable à la publication dans la revue, il sera demandé à l'auteur un envoi par mail du texte en Word (y compris figures, tableaux et formules mathématiques compatibles avec Word 2010).

Les propositions d'articles doivent être adressées à la rédaction de la revue :

Professeur Maurice Catin
Revue Région et Développement
Université de Toulon
Laboratoire d'Economie Appliquée au Développement (LEAD)
Faculté de Sciences Économiques et de Gestion
70 Avenue Roger Decouvoux - 83000 Toulon

Mail : maurice.catin@univ-tln.fr

BULLETIN D'ABONNEMENT

Revue Région et Développement

• Je désire souscrire un abonnement pour l'année 2018 (deux numéros) :

☐ France, DOM-TOM : 44 € ☐ Étranger : 47 €

• Règlement :

Pour la France

- Chèque bancaire
- Virement sur le compte *CCP 23 625 44 N Paris*
- Paypal sur le lien *paiement.harmattan.fr*
- Carte Bancaire sur le lien *paiement.harmattan.fr*

Pour l'étranger

- Virement (en euros uniquement) sur le compte *CCP 23 625 44 N Paris*
- Paypal sur le lien *paiement.harmattan.fr*
- Carte Internationale Visa/Mastercard sur le lien *paiement.harmattan.fr*

Nom et Prénom : ....
Adresse : ....
....
Code Postal : .... Ville : ....
Pays : ....
Date : Signature :

Ce bulletin d'abonnement à la revue Région et Développement et votre règlement sont à retourner à :

Éditions L'HARMATTAN - 7, rue de l'École-Polytechnique, 75005 PARIS
Tél. : 01 40 46 79 14 - fax : 01 43 29 86 20 - site web : www.editions-harmattan.fr

Abonnement annuel : 2 numéros
France, DOM-TOM : 44 € ; Étranger : 47 €

Structures éditoriales du groupe L'Harmattan

L'Harmattan Italie
Via degli Artisti, 15
10124 Torino
harmattan.italia@gmail.com

L'Harmattan Hongrie
Kossuth l. u. 14-16.
1053 Budapest
harmattan@harmattan.hu

L'Harmattan Sénégal
10 VDN en face Mermoz
BP 45034 Dakar-Fann
senharmattan@gmail.com

L'Harmattan Cameroun
TSINGA/FECAFOOT
BP 11486 Yaoundé
inkoukam@gmail.com

L'Harmattan Burkina Faso
Achille Somé – tengnule@hotmail.fr

L'Harmattan Guinée
Almamya, rue KA 028 OKB Agency
BP 3470 Conakry
harmattanguinee@yahoo.fr

L'Harmattan RDC
185, avenue Nyangwe
Commune de Lingwala – Kinshasa
matangilamusadila@yahoo.fr

L'Harmattan Congo
67, boulevard Denis-Sassou-N'Guesso
BP 2874 Brazzaville
harmattan.congo@yahoo.fr

L'Harmattan Mali
Sirakoro-Meguetana V31
Bamako
syllaka@yahoo.fr

L'Harmattan Togo
Djidjole – Lomé
Maison Amela
face EPP BATOME
ddamela@aol.com

L'Harmattan Côte d'Ivoire
Résidence Karl – Cité des Arts
Abidjan-Cocody
03 BP 1588 Abidjan
espace_harmattan.ci@hotmail.fr

L'Harmattan Algérie
22, rue Moulay-Mohamed
31000 Oran
info2@harmattan-algerie.com

L'Harmattan Maroc
5, rue Ferrane-Kouicha, Talaâ-Elkbira
Chrableyine, Fès-Médine
30000 Fès
harmattan.maroc@gmail.com

Nos librairies en France

Librairie internationale
16, rue des Écoles – 75005 Paris
librairie.internationale@harmattan.fr
01 40 46 79 11
www.librairieharmattan.com

Lib. sciences humaines & histoire
21, rue des Écoles – 75005 Paris
librairie.sh@harmattan.fr
01 46 34 13 71
www.librairieharmattansh.com

Librairie l'Espace Harmattan
21 bis, rue des Écoles – 75005 Paris
librairie.espace@harmattan.fr
01 43 29 49 42

Lib. Méditerranée & Moyen-Orient
7, rue des Carmes – 75005 Paris
librairie.mediterranee@harmattan.fr
01 43 29 71 15

Librairie Le Lucernaire
53, rue Notre-Dame-des-Champs – 75006 Paris
librairie@lucernaire.fr
01 42 22 67 13

www.ingramcontent.com/pod-product-compliance
Lightning Source LLC
LaVergne TN
LVHW051401061026
849535LV00009B/3293